모순 안에서
역설을 찾다

모순 안에서
역설을 찾다

ⓒ 황정연, 2025

초판 1쇄 발행 2025년 8월 13일

지은이	황정연
펴낸이	이기봉
편집	좋은땅 편집팀
펴낸곳	도서출판 좋은땅
주소	서울특별시 마포구 양화로12길 26 지월드빌딩 (서교동 395-7)
전화	02)374-8616~7
팩스	02)374-8614
이메일	gworldbook@naver.com
홈페이지	www.g-world.co.kr

ISBN 979-11-388-4603-5 (03180)

- 가격은 뒤표지에 있습니다.
- 이 책은 저작권법에 의하여 보호를 받는 저작물이므로 무단 전재와 복제를 금합니다.
- 파본은 구입하신 서점에서 교환해 드립니다.

세상 속 소경

시원한 창공을 바라보니

그곳에 갈매기 노니네

이곳은 산 너머가 궁금한데

갈매기의 궁금은 어디에 있을까?

황정연

프롤로그

글이 완성돼 갈 무렵, 내 마음에 아픔이 찾아왔다. 나는 오래전부터 반복적으로 어제 들었던 얘기를 오늘도 들으며 살아왔다. 그래서 그럴까? 지금은 들을 힘까지 소진된 상태다.

요즘 들어 가끔 오래전 사업할 때 겪었던 일이 생각난다. 체인점을 둔 꽤 규모 있는 업체의 기획 상품을 어느 자그마한 디자인 업체와 공동으로 개발한 적이 있었다. 진행 중에 의뢰 업체가 더 좋은 조건을 제시하며 디자인 업체를 배제하자는 제안을 한 적이 있었다. 나는 너무나 민망해 그 제안을 거절하고 기획 상품까지 포기해 버렸다. 그 후에도 나의 삶에는 이와 비슷한 일들이 여러 번 있었다. 이런 경험들은 늘 피해가 따랐다. 그렇지만 이러한 결단은 삶의 목적 중심을 잡는 것이라 막연하게 믿었던 것 같다. 그런데 지친 이유에서일까? 얼마 전부터 이런 삶의 결단에 대해 혹시 '잘난 체하는 것은 아닐까?'라는 의문이 들기 시작했다.

역할관계성이론(황정연 2020), 관계욕구론(황정연 2022)은 새로운 관점에서 바라보는 관계성 관련 이론이다. 이 이론은 갈등과 대립, 다툼이 많은 이 시대에 도움이 될 거라는 확신에서 어렵게 시작했다. 그런데 요즘 '누가 알아준다고 이런 복잡한 이론을 썼을까?'라는 막연한 의문과 함께 답답함이 몰려온다.

나는 많이 아파하는 분들에게 심리상담을 13년가량 진행해 오고 있다. 그들은 아픔과 괴로움 안에 깊이 담겨 있는 진실을 상담료로 지불한다. **"너무 아파요, 아프지만 않게 해주세요."** 그들의 간절한 요청에는 모순적이지만 그 안엔 진솔함이 담겨 있다. 그런데 지금 내게 아픔이 찾아왔다. 우리는 각자 서로 다른 아픔을 품고 살아간다. 이 아픔이 내면에 억압되어 있으면 정서와 정신에 복잡한 영향을 미치고, 밖으로 나올 때면 타인과의 관계를 복잡하게 만든다. 그래서 세상은 고통과 혼란, 상처투성이인 갈등과 대립, 다툼을 만든다.

우리는 교통 시스템에서 이 문제의 교훈을 얻어야 한다. 세상에는 수많은 자동차가 있다. 그래서 수많은 길도 있다. 복잡하게 얽힌 길에는 전후좌우로 오가는 차선들이 다양하다. 신호등과 속도를 감시하는 카메라 등은 즐비하다. 그러나 복잡한 길 위에 교통법규와 시스템은 교통질서를 가져온다.

이처럼 세상에는 수많은 사람이 살아간다. 그래서 우리는 복잡하게 얽힌 인간관계 속에서 살아간다. 비싼 자동차가 질서를 대신할 수 없듯이 사회 발전이 사회 질서를 가져올 수 없다. 사회의 발전은 더 많은 갈등과 대립, 왜곡된 논리와 한 맺힌 감정들을 생산해 낸다. 그래서 세상은 혼란스럽다. 이제 교통·법규가 교통질서를 가져오듯, 우리 인간관계에도 관계질서를 가져다줄 관계공식이 필요하다.

 관계공식은 내가 너를 탓하고 네가 나를 탓하는, 즉 하나의 승자와 하나의 패자를 낳는 결과에서 너와 나는 무한의 숫자가 담긴 우리를 낳게 해줄 것이다.

 "마음이 아프다.
 그래서 마음에 마음이 간다.
 그들의 마음에는 어제와 오늘의 이란성 얘기가 담겨 있다.
 모순과 역설이다.
 그래서 수없이 반복되는 얘기를 늘 처음처럼 들어야 한다.
 건들면 톡 하고 터질 것 같은 그들의 눈물샘,
 사치가 담긴 모순일까? 아니면 진솔함이 담긴 역설일까?"

차례

프롤로그   5

1장 소통

1. 가깝고 밀접한 관계가 소통을 더 어렵게 하는 이유   12
2. 기대감과 친밀감 사이의 간극   15
3. 생략된 말과 왜곡된 기대   19
4. 짜증은 상실된 기대의 그림자   23
5. 안다는 착각과 모른다는 용기   26
6. 역할 관계는 소통의 근원 원인   29
7. 인간의 관계성향 이면에는 본질적인 편견과 선입견이 있다   32
8. 편견과 선입견은 소통의 장애물   35
9. 소통은 역할이 오가는 통로   38
10. 순수소통은 편견과 선입견이 제거된 상태   41
11. 의식과 신념은 관계가 필요한 특성일 뿐, 고정된 운명은 아니다   45
12. 순수소통 vs 공감과 이해   49

2장 기분

1. 마음의 창을 들여다본다   56
2. 창 안에 두 그림자   58
3. 기분은 어디서 오는가   60

4. 감정은 어떻게 기분을 끌어내는가	64
5. 감정의 오해, 기분의 왜곡	68
6. 기분 속 감정 찾기	71
7. 감정 기반 소통이 관계를 지키는 힘	78
8. 감정 기반 소통: 관계마다 다른 전략	83
9. 감정은 방향이고, 기분은 상태다	90

3장 짜증

1. 알 수 없는 짜증	96
2. 논리는 맞는데, 감정은 불편해	100
3. 감정을 억눌러야 좋은 사람일까?	104
4. 짜증에 숨어 있는 진짜 감정	108
5. 짜증을 어떻게 다뤄야 할까?	112
6. 짜증이 관계에 남기는 흔적	115
7. 짜증을 이해한다는 것	118

4장 일상 속 정의

1. 일상의 정의는 가까운 곳에 있다	122
2. 정의란 무엇인가: 관계 안에서의 첫 질문	125
3. 부부 사이의 정의: 사랑과 책임의 경계에서	129

4. 부모와 자녀 사이의 정의: 보호인가, 통제인가　　　　　132

5. 친구 사이의 정의: 거리 두기와 진심의 균형　　　　　135

6. 사회 속 정의: 시스템과 인간 사이에서　　　　　　　138

7. 일상의 정의는 질문을 멈추지 않는 마음이다　　　　　140

8. 정의는 멀리 있지 않다: 일상의 대화에서 피어나는 정의　142

9. 관계적 정의에 감정이 빠질 때 생기는 세 가지 문제점　 144

10. 감정과 함께하는 관계적 정의가 주는 세 가지 변화　　146

5장 일상 속 토론

1. 정반합을 넘어 관계로: 관계의 확장성　　　　　　　　150

2. 우리의 논쟁은 결국 소통을 바란다　　　　　　　　　152

3. 정반합 구조의 한계: 논리를 넘어 감정으로　　　　　　158

4. 감정이 말에 실릴 때 말 너머에 있는 마음을 듣게 된다　162

5. 정반합 토론의 문제점: 감정과 관계가 소외된 논리의 딜레마　166

6. 역할관계성이론에 기반한 새로운 토론 방식: 관계를 중심에 두다　169

7. 논리 중심 토론이 낳는 갈등과 대립의 구조: 말과 마음의 균열　172

8. 사례로 보는 정반합의 토론과 역할 관계성 토론의 실제　177

에필로그 - 마음이라는 길 위에서　　　　　　　　　　182

1장

소통

1.
가깝고 밀접한 관계가 소통을 더 어렵게 하는 이유

"왜 가까운 사람일수록 대화가 더 어려울까요?"

심리상담실에서 가장 자주 등장하는 질문 중 하나이다. 사랑하는 부모, 남편이나 아내, 연인, 혹은 오랜 친구와의 관계에서 예상치 못한 벽을 느낄 때 사람들은 혼란스러워진다. 분명 가까운 사람이고, 서로를 잘 안다고 생각했는데도, 정작 중요한 이야기를 꺼내려 하면 말문이 막혀 버린다. 어쩔 땐 눈치만 보고, 어쩔 땐 너무 쉽게 상처를 주고받는다. "이 사람한테 이 말 해도 될까?", "괜히 더 틀어지면 어쩌지?" 생각은 많아지고 입은 닫힌다.

많은 내담자가 처음엔 삶의 전반적인 문제를 이야기하지만, 곧 그 문제는 '어떤 사람'에 대한 이야기로 옮겨 간다. 그리고 상사 때문이라고 말하지만, 사실은 아버지와의 오랜 갈등이 겹쳐 있고, 연인과의 싸움 같지만 어린 시절 자신을 외면한 엄마에 대한 감정이 겹쳐 있다. 그렇게 상처의 뿌리를 찾아 내려가다 보면, 결국은 '소통의 실패'가 관계의 중심에 자리 잡고 있음을 알게 된다.

그런데 놀라운 건, 이 소통의 실패가 대개 가장 가까운 관계에서 벌어진다는 점이다. 더 멀리 있는 사람에게 상처받았을 땐, "어쩔 수 없는 일이지!" 하고 넘기지만, 가까운 사람에게 받은 말 한마디는 마음 깊이 박혀 남기 때문이다. 오히려 잘 알기 때문에 실망도, 오해도 더 크다. 오랜 친구에게, 엄마에게, 혹은 연인에게 말하지 못한 채 쌓인 감정은 그저 "그땐 어쩔 수 없었어"라고 덮지만, 실은 깊숙한 마음속 어딘가에 그림자처럼 남아 있다.

이 그림자는 묘하게 오래 남는다. 햇살이 강할수록 그림자가 더 짙게 드리워지듯, 우리는 더 사랑했던 사람에게 더 깊은 상처를 입는다. 그리고 그 상처는 전의식의 바닥에 잠겨 있다가, 또 다른 관계에서, 다른 말투나 표정으로 드러나게 된다. 친한 사람에게 받은 상처는 겉으론 아무렇지 않은 것처럼 살아가지만, 그들의 말과 행동에는 숨 막히는 모순이 배어 있다. 친절하면서도 불신이 깔리고, 가까우면서도 미묘한 거리감이 있다. 그들의 호흡은 억지스럽고 불규칙하다. 그것이 바로 관계 속에 드리워진 상처의 흔적이다. 우리는 상처의 흔적을 모순이라고 한다.

그러니 가까운 사람일수록 관계가 너무 중요하기 때문에 관계적인 소통의 대화를 해야 한다. 가까운 사람은 너무 많은 감정을 나눴고, 너무 많은 기대가 쌓였고, 너무 많은 확신이 생겼기 때문이다. 그런 이유로 우리는 "쟤는 원래 그래", "이쯤 말하면 알아들어야지"와 같은 판단을 너무 쉽게 한다. 이는 정지된 관계상태를 만들거나, 더는 질문하지 않고, 더는 새롭게 바라보지 않게 하며 결국, 소통은 단절되게 하고 만다.

  하지만 바로 그 지점에서, 관계의 본질을 다시 묻는 시선이 필요하다. 가까운 관계일수록 오히려 더 신중하게, 더 의도적으로 소통해야 한다. 10년을 함께한 부부라도, 평생을 같이한 가족이라도, 매 순간 서로를 새롭게 이해하려는 노력이 없으면, 관계는 낡아지고 고여진 물처럼 흐르지 않게 된다. 가까운 사람이니까 다 안다고 생각하지 말자. 우리가 그렇게 믿는 순간, 우리는 질문을 멈추고, 듣지 않으며, 설명하려는 노력을 포기하게 된다. 그렇게 침묵의 벽은 천천히, 그러나 단단하게 쌓이게 된다. 진짜 친밀한 관계는 말없이도 아는 사이가 아니라, 말을 꺼내기 어려운 순간에도 그 말을 용기 내어 꺼낼 수 있는 사이가 되어야 한다.

2.
기대감과 친밀감 사이의 간극

"내가 이렇게 힘든데, 어떻게 나를 몰라줄 수가 있지?"

관계에서 가장 깊은 상처는 대부분 '기대가 어긋났을 때' 생긴다. 기대란 단순한 바람이나 희망이 아니라, 오랜 시간 함께한 관계에서 쌓여온 믿음이자, 마치 당연한 권리처럼 느껴지는 어떤 감정적 전제이다. "이 정도면 나를 알겠지!", "이럴 땐 이렇게 반응해 주겠지!", "굳이 말하지 않아도 알 거야!" 그런 믿음이 쌓일수록, 우리는 상대에게 '말하지 않아도 되는 관계'라는 환상을 갖게 된다.

하지만 문제는, 그 기대가 어긋날 때 벌어진다. 내가 너무 지쳐 있는 날, 가장 가까운 사람이 평소처럼 농담을 던지거나 무심한 표정을 지으면 마음 깊은 곳에서 **배신감**이 올라온다. "하필 이때! 너는 이걸 모르면 안 되는 사람이야." 마음은 그렇게 닫히게 된다. 우리는 '가까우면 당연히 통할 것'이라는 믿음을 갖고 살아간다.

우리의 이러한 믿음은 '**가까움=친밀감**'이라는 착각에서 비롯된다. 함께 보낸 시간, 공유한 기억, 나눈 감정의 양이 많을수록 우리는 상대를 더 잘 안다고 생각하기 때문이다. 그리고 그 사람도 나를 잘 알 거라고 믿는다. 여기서 기대가 생기고, 그 기대가 점점 쌓이면서 그것이 감정적 권리처럼 작동한다. 어느 순간 우리는, 그 사람이 나를 이해해 주어야 한다고 '기대하는 것이 당연하다'라고 느끼게 되는 것이다.

그런데 사실 가까운 사람이 나를 가장 잘 이해해 주는 사람이라는 보장은 없다. 오히려 가까운 사람일수록 오래된 관성과 익숙함에 갇혀 서로를 새롭게 보지 못할 가능성이 높다. "쟤는 원래 저래", "너 또 그거야?"와 같은 말이 그 증거다. 오래된 관계일수록 오히려 낡은 이미지에 갇혀서, 지금의 마음이나 상황을 새롭게 보지 않는다.

심리상담에서 반복적으로 나타나는 상처의 구조도 바로 이 지점에서 출발한다. 내담자들은 **"내 마음을 몰라줘서 더 아팠다"**고 말한다. 그러나 그 말은 단순한 서운함이 아니다. 오랜 시간 쌓인 기대가 무너졌다는 의미다. 그것은 감정적인 실망을 넘어 정체성의 상처로 이어지기도 한다. "나를 정말 아끼는 사람은, 나의 아픔을 먼저 알아채야 하지 않을까?" 이런 생각 속에는 "그래야 내가 사랑받고 있다는 확신이 들 테니까"라는 바람이 깔려 있다.

문제는, 그 바람이 상대가 알아채지 못하는 순간에 깨진다는 것이다.

그리고 그 깨짐은 때로 관계 전체를 흔드는 균열로 번진다. 왜냐하면, 기대는 늘 조용히 작동하기 때문이다. 우리는 기대하고 있다는 사실조차 인식하지 못한 채 살아간다. 그러다 어느 날, 그것이 어긋나는 순간 뒤늦게 알아차린다. "아! 나는 이 사람한테 이 정도는 기대하고 있었구나." 그런데 이미 마음은 상해 있다.

그렇다면 해답은 무엇일까?
기대를 내려놓는 것이 아니다. 사람이라면 누구나 기대할 수 있다. 오히려 중요한 것은, 그 기대를 자각하고, 기대를 말로 표현하는 용기다. "나는 요즘 좀 힘들어.", "오늘은 그냥 말없이 옆에 있어 줬으면 해." 이런 말이 어색할 수 있지만, 표현되지 않은 기대는 오해로 흐르기 쉽고, 결국은 분노로 바뀌게 된다.

또한, 친밀함이란 결코 시간의 축적만으로 만들어지는 것이 아니다. 친밀감은 지속적인 이해의 갱신과 서로에 대한 질문을 통해 자라난다. 그래서 오래된 관계일수록 더 자주 물어야 한다. "요즘 무슨 생각 해?", "지금 내 마음을 너는 어떻게 느껴?" 이 같은 질문은, 때로는 서툴러 보일지라도 관계를 환기하는 작은 숨구멍이 된다.

또 가까운 관계일수록 우리는 종종 '안다.'라는 확신 안에 안주한다. 그러나 진짜 친밀한 관계는 '모를 수 있음'을 인정하고 계속해서 이해하려는 관계다. 기대를 말하지 않으면 실망이 커지고, 실망이 쌓이면 오해가 되고, 오해는 결국 관계를 고립시킨다. 그러니 우리가 해야 할 일은 단 하나, 기대하는 만큼 표현하고, 믿는 만큼 다시 묻는 것이다.

3.
생략된 말과 왜곡된 기대

가까운 관계일수록 말이 줄어든다. 처음 만났을 때는 사소한 것 하나까지도 말했는데, 시간이 흐르면서 그 말들이 하나씩 생략되기 시작한다. "이쯤 되면 알겠지!", "굳이 말하지 않아도 될 거야!" 이런 생각이 머리를 스치게 되면 입은 닫힌다. 그건 편안함의 표시일 수도 있지만, 동시에 관계에 균열을 일으키는 시작일 수도 있다.

왜 우리는 가까운 사람에게 더 말하지 않을까? '안다.'라는 확신 때문이다. 무의식 깊은 곳에 "이 사람은 나를 안다."라는 생각이 자리하고 있으면, 우리는 의도치 않게 소통을 생략한다. 그 생략은 조용히 진행된다. 말은 줄고, 질문은 사라진다. 대신 마음속 기대는 점점 커진다. "당연히 알겠지!", "그럴 줄 알았는데 왜 안 해?" 하지만 문제는, 그 생략이 전달되지 않는다는 것이다.

이쯤 되면 생략은 단순한 침묵이 아니라, 왜곡된 기대의 시작이다.

한쪽은 '말 안 해도 알 거라'고 믿고 있고, 다른 한쪽은 '왜 아무 말도 없냐'며 섭섭함을 느낀다. 결국, 관계는 어긋난다. 말하지 않은 마음은 전달되지 않고, 상대는 알 수 없으며, 그 틈은 감정의 골을 깊어지게 한다.

이럴 때 역할관계성이론(황정연 2020)의 관계 구조를 살펴보는 것이 필요하다. 인간의 내면에는 감정 에너지와 논리 에너지가 좌우로 나뉘어 신체, 정신, 마음 영역의 좌우를 오가며 대칭을 이루고 있다. 감정 에너지는 알아차린 인식이 느낌을 통해 기분으로 드러나는 것을 말하고, 논리 에너지는 지각된 생각을 통해 의지를 표현한다. 그러나 감정과 논리는 서로 다른 특성 에너지이므로 상호 관계를 하기 위해서는 관계성향을 띤 역할, 즉 감정 역할인 느낌, 인식, 기분은 논리 역할인 생각, 지각, 의지와 만나야 한다. 그러므로 감정과 논리는 관계적으로 서로 협력과 타협을 통해 우리의 태도(감정 기반)와 행동(논리 기반)을 결정하게 된다.

쉽게 말해, 우리가 누군가의 태도나 행동을 보았다면, 인식을 통해 느낌이라는 감정 역할이 먼저 반응하며 '섭섭해', '서운해', '좋아' 같은 기분을 갖도록 한다. 또 우리가 누군가에게 말하고 싶은 것이 있다면, 지각을 통해 생각이라는 논리 역할이 '왜 섭섭한지', '어떻게 전달할지'를 의지를 통해 결정하여 말하게 한다. 따라서 기분과 의지는 최종적으로 관계적 합의를 통해 우리의 태도나 행동을 정하게 된다. 이렇게 정해진 태도는 "상대를 탐색하는 의구심 관련 질문"을 해야 하고, 행동은 "요즘 너랑 얘기를 잘 못 나누는 것 같아서 좀 서운했어"라는 말을 통해 표현하는 것이 필요하다.

하지만 가까운 사이에서는 이 과정이 생략되기 쉽다. '서운하다.'라는 느낌은 생기지만, 그것을 해석하고 말로 표현하는 논리적 과정을 건너뛴다. 그래서 감정만 남아 기분이 바로 행동이 되거나 의지가 태도로 남는, 즉 사고의 연결고리가 약해진다. 결국, 남는 건 표현된 감정 아니면, 우유부단한 의지로 오해받을 가능성이 커지게 된다.

또 생략된 말, 우유부단한 의지의 경우는 때때로 무시하는 것처럼 보이고, 외면하는 것처럼 느껴지게 한다. 그리고 "왜 아무 말도 안 해?", "내가 뭘 잘못했어?" 말하지 않은 사람이 섭섭해하고, 들은 적 없는 사람이 억울해지게 한다. 이 악순환은 감정과 논리의 소통이 단절되었기 때문에 생기는 것이다. 즉 역할의 기능이 닫혀 목적이 부재한 상태를 말한다. 다시 말해 서로가 뭔가를 주고받으려는 목적 의도는 있는데, 감정과 논리가 관계적이지 못해 협력하지 않아 '관계의 목적'을 잃어버리는 상태인 것이다.

그러니 가까운 사람일수록 자기의 감정과 논리를 적극적으로 활용하여 공감적이고 이해적인 말을 해야 한다. 더 자주 말하고, 더 솔직하게 표현해야 한다. "말 안 해도 알 거로 생각했는데, 사실은 잘 모르겠더라." 그렇게 말하는 순간, 관계는 다시 열린다. 표현되지 않은 감정은 멀어지고, 기대는 반드시 전달되어야만 진짜 의미를 갖게 된다.

  이 시대에 관계적 혼란이 낳은 짜증과 피로가 만연한 것도 어쩌면 이 생략에서 비롯되었을지 모른다. 우리는 말하지 않고, 알아주길 바라고, 알지 못하면 실망한다. 말은 감정과 논리를 연결하는 다리다. 가까운 관계일수록 그 다리는 더 튼튼하게 놓여야 한다. 때로는 작은 말 한마디가 관계 전체를 다시 붙잡아 줄 수 있기 때문이다.

4.
짜증은 상실된 기대의 그림자

짜증은 단지 피곤하거나, 기분이 나쁘다는 말로 설명되지 않는다. 조금만 들여다보면, 그 짜증의 밑바닥에는 누군가에게 기대했다가 실망했던 기억이 고스란히 혼란스럽게 쌓여 있는 것을 확인할 수 있다. 가만히 생각해 보면 대개는 가장 가까웠던 사람에게서 비롯된 기억일 것이다.

상담실에서 만나는 많은 사람의 이야기에는 공통된 흐름이 있다. "엄마가 그랬어요.", "그 사람한테는 내가 특별한 줄 알았는데.", "그때 나는 정말 사랑받고 싶었어요." 이처럼 내담자들의 짜증과 분노 뒤에는 언제나 이해받고 싶었던 기대, 사랑받고 싶었던 마음이 숨어 있다. 하지만 그 기대는 채워지지 못했고, 오히려 외면당하거나, 왜곡되어 상처가 된다. 그 상처는 너무 깊어서, 기억 속으로 묻어 두는 수밖에 없다. 그렇게 억압된 기억은 시간이 지나도 사라지지 않는다. 흐릿한 감정의 저수지 한편에 여전히 남아, 현재의 기분에 영향을 줘 태도와 행동에

은밀하게 나타난다.

  그 결과는 짜증이다. 사소한 말 한마디에도 욱하는 반응, 이유 없이 자꾸 예민해지는 태도, 반복되는 짜증과 불편함, 그런데 이것은 단순히 지금의 상황 때문만이 아니라, 과거의 상실된 기대가 현재의 기분을 왜곡하고 있기 때문이다. 역할관계성이론에서는 말한다. 감정은 인식된 느낌을 바탕으로 기분을 만들고 기분은 태도로 드러난다고. 그리고 기분은 의지와 관계적으로 타협해 행동이 돼야 한다고. 그러나 과거의 상처가 현재의 감정을 덮어 버리면, 논리적 사고는 위축되고 감정은 방어적으로 폭발하게 된다고. 즉, 현재의 짜증은 '지금의 문제'가 아니라, '예전에 설명되지 못한 혼란한 마음의 문제'가 현재에 재현되고 있다는 것이다. 마치 상처 위에 또 다른 자극이 닿았을 때, 우리는 과거의 통증까지 같이 느끼는 것처럼. 그럴수록 마음은 닫히고, 감정은 더 거칠어진다.

  무엇보다 안타까운 건, 그 짜증의 이면에는 여전히 순수한 기대가 자리하고 있다는 점이다. 그러나 그것은 사람들이 바라봐 주어야 할 중요한 점이다. "사실 짜증 내는 건, 아직도 그 기대가 오래된 상처 위에 있다는 것이다." 그래서 부드럽게 손을 내밀고 싶지만, 또 거절당할까 봐, 또 외면당할까 봐, 결국, 짜증이라는 모순적 형태로 기대가 표현되는 것이다.

"그래서 짜증은 마음속 비명이다. 누구도 알아채지 못하는 아주 깊은 곳에서 울리는 소리…"

이런 사람들을 보면 '**마음**'이 간다. 왜냐하면, 그들의 비명에는 누구의 말보다 진실이 담겨 있기 때문이다. 단지, 그 진실함이 지나치게 아팠던 이유로 관계에 부딪혀 왜곡되었을 뿐이다. 그래서 주변 사람들은 그들을 피한다. 감정이 너무 세고, 반응이 날카롭기 때문이다. 하지만 그 안을 들여다보면, 짜증은 단순한 예민함이 아니라, 오래된 기대가 무너졌을 때 생기는 실망과 슬픔의 다른 얼굴이다.

특히, 과거에 절대적으로 의존했던 관계에서 받은 상처라면, 그것은 인격 전체에 영향을 준다. 부모, 형제, 연인, 절친 같은 관계에서 기대가 무너지고 그것이 반복될 때, 사람은 자기 기대를 포기하지 못한 채 누군가를 투사적으로 의존한다. 그리고 감정의 방어막을 만든다. 그 방어막이 바로 짜증과 냉소, 때로는 공격성으로 나타난다.

이처럼 짜증은 감정의 표현이기도 하지만, 동시에 기대와 상처 사이에서 갈등하는 내면의 모순을 드러내게도 한다. 우리가 짜증을 단순히 '감정적 문제'로만 치부하지 않고, 그 밑바닥에 깔린 기대와 상처를 이해할 수 있다면, 비로소 관계의 실마리를 찾을 수 있게 될 것이다.

5.
안다는 착각과 모른다는 용기

"내가 널 얼마나 잘 아는데!"

익숙한 말이다. 때로는 사랑의 표현처럼 들리지만, 관계에서는 이보다 더 위험한 확신이 없다. 그런데 가까운 사람일수록 우리는 너무 쉽게 단정한다. "쟤는 원래 그래.", "그 사람 성격 알잖아." 이런 판단은 일면 자신의 판단을 편리하도록 하지만, 결국 관계를 멈추게 만드는 원인이 되기도 한다. 그래서 그 사람을 더 이상 새롭게 보려 하지 않고, 물어보려 하지 않으며, 설명하려는 노력은 더더욱 하지 않게 된다. 결국, 우리는 알고 있다는 착각 속에서 상대를 과거의 이미지에 가둬 버린다.

그것은 역할관계성이론에서 말하는 인식의 고정화다. 인식은 원래 새로운 자극을 받아들이는 역할을 해야 한다. 그리고 지각은 받아들여진 그 자극을 판단하는 역할을 한다. 그런데 '안다.'라는 착각은 인식을 멈추게 하고, 지각은 과거의 기준에만 머무르도록 만든다. 그래서 어떤 관계든 자라지 못하도록 한다.

이런 **'안다는 확신'**은 특히 오래된 관계에서 많이 발생한다. 10년을 함께 산 부부, 어릴 때부터 함께 자란 친구, 늘 옆에 있었던 가족들이다. 우리는 그런 관계일수록 지금 그 사람이 어떤 마음인지 새롭게 관찰하기보다, 옛날 경험으로 이해하려고 한다. 하지만 사람은 변하고, 마음도 자주 바뀐다. 아무리 가까운 사람이라도, 지금 그 사람이 어떤 감정선 위에 있는지 알아보려는 태도 없이는, 관계는 곧 익숙함이라는 방심 속에 침몰하게 된다.

그래서 관계에서 가장 중요한 태도는 **'모른다.'**라고 인정하는 용기이다. 이 용기는 겸손에서 나온다. 하지만 단순히 겸손해서가 아니라, 그 사람이 여전히 변화하고 있는 존재임을 존중하는 겸손이다. 나는 네가 지금 어떤 마음인지 모르기에, 더 듣고 싶다. 더 묻고 싶다. 더 이해하려 한다. 이 태도는 감정과 논리의 타협적 관계, 즉 **'느낌과 생각의 타협'** 위에서만 가능하다.

'모른다.'라고 말할 수 있는 사람은 질문한다.
"오늘 기분 어때?", "이 일에 대해서 어떻게 생각해?"

그런 질문은 단순한 대화가 아니라, 상대에게 감정을 표현할 기회를 열어 주는 소통의 시작이 되는 대화이다. 그 질문에는 기대가 없고, 정답도 요구되지 않는다. 다만 지금의 너를 알고 싶다는 정서적 존중만 있을 뿐이다. 이렇게 생각해 보면, 진짜 가까운 관계일수록 더 자주 물어야 한다. 더 신중하게, 더 반복적으로, 더 의도적으로 말이다. 관계는 일회성이 아니기에 하루하루 새롭게 관찰하고, 감정의 변화에 주목하며, 서로의 내면을 다시 확인해야 하는 갱신의 과정이다. 따라서 "네가 어떤 사람인지 나는 매일 새롭게 알고 싶어"라는 태도는 진짜 애정이고, 존중이며, 관계를 살아 있게 만드는 소통의 기본값이다.

사람은 누구나 다 알 수 없다는 사실을 인정하는 것이 때로는 불편하게 느껴질 수 있다. 하지만 그 '모른다.'라는 인식이야말로 관계를 오해로부터 지켜 주는 보호막이 된다. '나는 너를 안다.'라는 말보다, '나는 여전히 너를 알아 가는 중이야'라는 말이 더 따뜻하게, 더 깊게 다가가는 이유가 여기에 있다.

6.
역할 관계는 소통의 근원 원인

"우리는 관계에서 다친다."

가까운 사람일수록 어떤 말에, 어떤 행동에, 혹은 아무 말도 없었던 침묵에 깊은 상처를 받는다. 이 상처는 단지 하나의 사건이 아니라, 마음 깊은 곳에 있던 기대가 무너졌기 때문에 생기는 상처다. 그리고 그 기대는 대부분, 이해받고 싶다, 알아줬으면 좋겠다. 라는 아주 인간적인 소망에서 출발한다.

상담실에서 가장 자주 듣는 말 중 하나는 이런 것이다. "이 사람은 나를 정말 이해하지 못해요." 하지만 그 말의 뒷면에는 이런 속마음이 숨어 있다. "이 사람이 나를 정말 알아줬으면 좋겠어요." 우리가 느끼는 관계의 고통은 대부분 소통의 단절에서 시작된다. 그리고 그 소통의 단절은 단순한 대화 부족이나 말의 실수 때문만은 아니다. 그보다 더 근본적인 이유, 즉 우리가 서로를 '다 안다.'라고 확신하며 소통을 생략해 버린 결과 때문이다.

그래서 놀랍게도, 관계의 회복은 아주 거창한 일이 필요하지 않다. 만약 오랜 시간 동안 아주 작은 말 한마디로 균열이 생긴 오해라면, "내가 널 안다고 생각했는데, 그렇지 않았던 것 같아. 지금 너는 어떤 마음이야?" 이런 질문 하나가 무너진 관계의 다리를 다시 놓을 수 있다.

역할관계성이론에서는 관계란 신체적 태도와 행동, 정신적 인식과 지각, 그리고 마음의 느낌과 생각이 얽힌 복합적인 관계 구조로 이루어져 있다고 말하고, 이 구조를 통해 우리의 태도와 행동은 최종적으로 나타난다고 말한다. 그런데 이 구조는 이면에 있는 고착된 의식의 기억과 신념화된 확신, 즉 편견과 선입견에 의해 저항을 받는다고 말한다. 그러므로 소통이란 단지 말의 문제뿐 아니라, 감정과 논리, 기억과 확신, 믿음과 신뢰, 그리고 편견과 선입견을 유발하는 이면심리 등 복합적인 과정이 담겨 있다.

그것은 가깝고 밀접한 관계일수록 소통이 더 어려워지는 이유이다. 이는 너무 쉽게 확신하고, 너무 자주 생략하며, 너무 많이 기대하는 원인이 되기 때문이다. 하지만 이러한 관계적 모순인 편견과 선입견은 현재의 상황인식을 통해 자기 성찰의 기회를 제공하기도 한다. 이렇게 우리는 자신의 모순과 직면하는 순간, 더 깊은 관계를 할 수 있게 된다.

그러기에 자기 자신을 성찰하는 자신과의 관계 회복은 곧 소통에 필요한 상황인식 지수를 높이게 한다. 그런 사람은 편견과 선입견을 잠시 내려놓고 있는 그대로의 상황을 인식할 수 있는 사람이다. 이런 사람은 상대의 마음을 더 알고 싶고, 내 마음도 진심으로 전하고 싶다는 의지가 있는 사람이며, 작은 질문 하나에도 솔직한 감정을 털어놓을 수 있는 용기 있는 사람이다.

우리는 완벽하게 이해하고 공감할 수는 없다. 하지만 우리는 조금 더 알아 가려는 노력, 조금 더 들어 보려는 긍정적 태도, 그리고 조금 더 다가가려는 용기만으로도 관계를 바꿀 수 있다. 그런 진심 어린 소통의 반복은 관계를 다시 일으켜 세우는 가장 단단한 회복의 기술이다.

7.
인간의 관계성향 이면에는
본질적인 편견과 선입견이 있다

"우리는 누구나 '나'라는 고유한 관점과 경험을 가진 존재다."

'나'라는 고유한 관점은 내가 살아온 삶, 겪은 사건들, 쌓아 온 기억과 감정을 토대로 만들어진다. 그래서 인간은 누구나 '자기중심적 해석'을 통해 세상을 바라보고 이해하려는 본성을 가지고 있다. 이것은 나뿐 아니라, 우리가 관계 맺는 상대 역시 마찬가지다.

그런데 가까운 사람일수록 이 사실을 잊기 쉽다. "내가 저 사람을 안다."라는 착각 속에는 무의식적인 편견과 선입견이 자리한다. 편견과 선입견이라는 단어가 흔히 사회적 차별이나 고정관념을 떠올리게 하지만, 사실 우리의 일상 관계 안에는 훨씬 더 깊고 은밀하게 스며들어 있다. 특히 가까운 관계일수록, 상대를 이미 알고 있다고 믿는 마음이 강해지고, 그 믿음은 '고착된 신념'으로 자리 잡아 소통의 장벽이 된다.

역할관계성이론에서는 이러한 현상을 이렇게 설명한다. '내가 저 사람을 잘 안다.'라는 감각은 단순한 정보 축적이 아니라, 내 의식 속에 형성된 '믿음의 구조'가 반복되고 강화된 결과이다. 이 믿음은 곧 신념이 되고, 내면화된 기대가 되어 상대를 보게 되는 '기대의 틀', 즉 편견과 선입견이 된다. 문제는 이 틀이 과거 경험에 기반해 형성된 경우가 많다는 점이다. 사람들은 종종 과거의 방식대로 상대를 해석하고, 그 틀에 갇혀 현재 상황을 판단하며, 심지어 미래까지 예단한다. 이런 '고착된 신념과 기대'가 현재 소통을 가로막는 가장 큰 장애물이다.

편견과 선입견은 그 형태가 미묘하면서도 강력하다. 편견은 '내가 아는 방식'으로 상대를 이해하려는 시도이다. 마치 자신이 쥔 손전등으로 어두운 방을 비추며 '이게 전부야'라고 말하는 것과 같다. 반면 선입견은 '내가 기대한 모습'이 아니면 아예 보려 하지 않는 무시의 태도다. 그래서 갈등이 일어날 때 우리는 무심코 "넌 원래 그런 사람이야." 혹은 "또 그럴 줄 알았어"라며 단정 짓곤 한다. 그 순간, 우리는 무의식적으로 과거의 기억을 현재 상황에 덧씌워, 지금 여기에 있는 진실을 놓쳐 버린다.

역할관계성이론은 이러한 성향을 단순한 성격 문제나 학습된 반응으로 보지 않는다. 오히려 인간 존재의 관계적 구조의 속성으로 해석한다. 우리는 엄마 뱃속에서 '자기라는 의식의 틀'을 형성하고 태어난다. 이후 현실에서 직접 경험과 간접 경험을 통해 자신만의 의식 체계를 완성해 가며 자기의식을 소유하게 된다. 신념 역시 이렇게 형성된 의식에 영향을 받으며 '자기신념의 틀'에 자기신념을 형성해 간다. 이 과정은 관계 경험과 해석이 반복되며 신념을 강화시키고, 자기다운 자기의식을 구축하게 한다.

따라서 여기서 중요한 것은, 이처럼 우리는 본질적으로 편견과 선입견을 가진 존재임을 인정해야 하는 것이다. 그리고 그것이 우리 관계에 미치는 영향을 인식하며, 그 한계를 조금씩 넘어서기 위해 **'역할 정체성'**을 회복하는 것이 중요하다. 우리의 객관화는 주관이 전제된 객관화이긴 하다. 그래서 역할 정체성은 편견과 선입견을 깨닫게 하고, 나의 관점에 갇히지 않도록 하는 노력을 하게 한다. 그리고 타인의 이야기를 관계적 역할의 자세로 다시 듣고, 내가 가진 믿음과 기대를 돌아보는 성찰의 자세를 제공한다.

그래서 우리는 완전히 객관적이고 중립적인 시선을 갖기 어렵다. 그럼에도 불구하고 **'모름'**을 인정하고, **'다름'**을 존중하며, **'관계적 역할'**을 충실히 해내려는 의지가 있어 소통의 통로를 넓힐 수 있다. 이 과정이야말로 건강한 관계를 만들어 가는 가장 근본적인 시작점이다.

8.
편견과 선입견은 소통의 장애물

그렇다면 우리는 결국 평생 편견과 선입견에 갇혀, 관계 속에서 끊임없이 서로 부딪히며 살아갈 수밖에 없는 것일까? 결코, 그렇지 않다. 인간은 본질적으로 불완전하고, 관계 또한 그 불완전함 위에 놓여 있다는 점은 분명하지만, 오랜 상담 경험과 역할 관계 연구를 통해 나는 확신한다. 인간은 언제든 변화할 수 있는 창의적 존재라는 것과 변화에 목말라 미지의 세계를 방황하는 습성은 관계 안에서 인간이 변화할 수 있다는 근거라는 것을…. 그러므로 역할 관계공식은 언제나 '지금 이 자리'에서부터 시작할 수 있도록 한다.

편견과 선입견은 본질적으로 자연스러운 의식과 신념의 성향일 뿐이다. 많은 사람은 '사람은 바뀌지 않는다.'라고 말하지만, 이 말은 사실 굳어진 의식과 신념 상태를 경험했다는 뜻이기도 하다. 우리는 자신이 처한 현실과 상황을 역할로 인식하고, 이를 의식화하며 지각의 과정을 거쳐 신념을 형성하는 것이 필요하다. 이 과정에서 우리의 인식과 지각은 구조적으로 변화를 위한 관계 능력을 지니고 있다. 그래서 역할관계성이론에서는 '역할관계발달 단계 과정'을 강조하는데, 이 과정이 바로 우리 내면의 편견과 선입견을 순화시키는 동력이다.

역할관계성이론은 인간을 '고정된 존재'가 아니라, 관계를 통해 '발달하는 존재'로 본다. 인간은 의식의 틀과 신념의 틀에 머무르지 않고, 관계 속에서 스스로를 끊임없이 성장시키며 변화해 간다. 물론 소통에서 문제를 겪는 이는 관계에 대한 두려움을 느껴 고착되기도 하지만, 그 두려움은 사실 갈등을 피하려는 마음이나 우위에 서려는 마음에서 비롯된다. 이 두려움을 극복하는 데 필요한 것은 바로 '역할 관계발달 단계 과정'을 밟아 가는 것이다. 이 단계의 과정은 무의식에 잠식된 열등의식과 전의식에 내재된 열등감을 점검하고, 상처와 상한 마음을 점검하도록 하여 더 섬세하고 책임감 있는 관계를 맺을 수 있도록 돕는다. 마치 아이가 언어를 배우며 세상을 새롭게 이해하듯, 관계도 배움과 경험을 통해 깊어지고 확장되는 것을 말한다.

이와 더불어 역할관계성이론은 인간에게 내재된 **'관계적 창의성'**의 가능성을 강조한다. 관계적 창의성은 단순한 기술이 아니다. 그것은 상대의 다름을 존중하고, 자기 고정관념에서 한 걸음 물러날 줄 아는 태도에서 비롯된다. 누구나 마음 깊은 곳에 이 창의성을 품고 있지만, 너무 자주, 너무 오래 자신이 알고 있던 방식만 고수하며 그것을 잠재워 버린다. 우리는 그 틀이 관계를 안전하게 지켜 줄 거라 믿지만, 사실 그 틀이 진정한 소통을 막는 가장 큰 장벽이다.

　관계적 창의성은 그냥 생겨나는 것이 아니다. 의식을 열기 위해 용기 있는 배움이 필요하고, 그 과정은 단번에 이루어지지 않는다. 수없이 어긋나고 실패하는 경험 속에서 조금씩 뿌리내린다. 그래서 관계 회복은 발달 단계 과정을 거치는 것이 필요하다. 우리의 성장과 변화는 불가능한 일이 아니라 우리가 선택할 수 있는 길이다. 다만 이 성장 과정을 신뢰하지 않거나 필요성을 깨닫지 못한 채 살아가면, 빠르고 즉각적인 결과를 원하는 현대 사회에서 관계는 성숙하지 못한다.

　결국, 소통의 문제는 단순한 기술의 문제가 아니다. 그것은 상대를 이해하고 공감할 수 있도록 우리 의식에 '순수 공간'을 만들어 내는 일이다. 그렇지 않으면 우리는 여전히 과거 기억과 기존 해석에 갇혀, 편견과 선입견의 굴레에 갇히게 된다. 그리고 그 굴레는 가까운 사람일수록 더 큰 오해와 상처를 낳으며 우리에게 아픔을 줄 것이다. 따라서 우리는 상대의 말을 더 잘 듣기 전에, 내가 어떤 상처의 필터를 쓰고 있는지, 어떤 판단의 필터가 자동으로 작동하는지 먼저 살펴야 한다. 이 연습이 소통을 가로막는 최대의 적, 편견과 선입견을 넘는 첫걸음이 될 것이다.

9.
소통은 역할이 오가는 통로

  소통, 이 단어를 들으면 우리는 참 많은 느낌과 생각을 떠올리게 된다. 누군가와 마음을 나누고 싶지만, 그 마음이 왜곡되거나 오해되어 돌아올까 두렵기도 하고, 그래서 아예 연결 자체를 망설이기도 한다. 그런 일이 반복되다 보니, 어느 순간 '소통'은 마치 어렵고 복잡한 숙제가 되어 버렸다. 요즘 유튜브나 책, 기업 교육 현장에서도 '소통 잘하기'는 가장 인기 있는 주제 중 하나이다. 하지만 이런 강의나 정보들이 과연 우리에게 진짜 '소통'을 가르쳐 주고 있는 것일까?

  한번 솔직하게 스스로에게 물어보자. "나는 왜 소통 강의를 듣고 싶었을까?" 혹시 과거에 나에게 상처를 준 사람의 잘못을 다시 확인받고 싶었던 건 아닐까? 아니면 그저 '소통의 기술'을 익혀서 관계를 내 뜻대로 이끌고 싶었던 마음은 없었을까? 그렇다면 사실 우리는 무의식적으로 소통을 '기술'이나 '전략'으로 생각하며, 그걸 배우면 관계가 편해질 거라고 기대하고 있었을 것이다.

하지만 소통의 진짜 시작은 기술보다 훨씬 근본적인 문제에서 출발해야 한다. 소통이란 결코 한 사람이 잘한다고 해결되는 문제가 아니다. 말이 너무 많아 상대방을 압도하는 사람과, 귀를 닫아 버리는 사람이 있다고 해 보자. 둘 다 각각 말하기와 듣기 기술이 필요하지만, 그 전에 그들에게는 '편견'과 '선입견'이라는 소통의 큰 장애물이 놓여 있다. 말하고자 하는 의도나 듣고자 하는 마음속에 이미 상대를 판단하는 편견이 숨어 있다면, 아무리 기술이 좋아도 소통은 통하지 않는다.

역할관계성이론에서는 소통에서 상대의 감정을 공감하고 논리를 이해하는 능력을 매우 중요하게 본다. 하지만 그것은 소통이 '완성된' 후에 필요한 기술이지, 소통의 '출발점'은 아니라고 말한다. 소통의 출발점은 '통로'의 순수성에 있다. 여기서 '통로의 순수성'이란, 상대를 바꾸거나 설득하려고 미리 짜 놓은 계획도 아니고, 내 마음만큼 상대가 공감하거나 이해해 주길 기대하는 것도 아니다. 그런 기대에는 언제나 한계와 긴장이 따른다. 그러므로 진짜 소통의 시작은 상대의 생각과 내 느낌이 왜곡 없이 오갈 수 있는 상태이다. 이 상태는 내 안에 자리한 편견과 선입견을 잠시 걷어내야 가능하다. "내 생각이 옳다, 내 감정이 우선이다."라며 마음의 문을 걸어 잠근 채 소통을 바라서는 안 된다. 그렇게 편견이 없고 자유롭게 열린 통로가 돼야 상대방의 말이, 내 말이 서로 왜곡 없이 흐를 수 있다.

쉽게 말해, 소통은 '말을 잘하는 것'도, '상대 말을 잘 듣는 것'도 아니다. 오히려 가장 중요한 것은 '내 안에 걸림돌은 없는가'이다. 그래서 내가 지금 어떤 역할을 맡고 있는지, 어떤 마음가짐으로 상대를 대하는지 점검하는 것이 필요하다. 그러기 위해서는 그 역할에 맞는 인식과 태도를 보이는 내가 되어야 한다. 이때 비로소 서로의 견해가 안전하게 오가며 진짜 소통이 열리게 된다.

그래서 소통이 어려운 이유는 상대와 나 사이에 '기술'이 부족해서가 아니다. 오히려 우리 안에 '내가 이기고 싶다', '내 생각이 더 맞다.' 하는 의도가 너무 앞서 나가기 때문이다. 결국, 소통에서 가장 중요한 것은 '말이 나가는 통로'가 얼마나 맑고 투명한가 하는 점이다. 그리고 그 투명성은 서로가 역할을 존중하고 순수한 역할로 기능할 때 비로소 열리게 된다.

소통은 누군가를 이기기 위한 도구가 아니다. 그것은 서로가 함께 숨 쉬고 있음을 확인하는, 인간다움의 가장 본질적이고 이상적인 표현이다. 그래서 소통이란 결국 '순수 역할이 오가는 통로'이며, 우리는 이 통로를 지키고 가꾸는 일에 평생을 걸어야 한다.

10.
순수소통은 편견과 선입견이 제거된 상태

사람들은 흔히 소통을 '이해하려는 노력'이나 '공감하려는 마음'에서 찾으려 한다. 실제로 내가 몇몇 분들께 "소통을 잘하는 사람은 어떤 사람입니까?"라고 질문해 본 적이 있었다. 돌아온 대답들은 꽤 나 일관되었다. "상대의 생각을 잘 이해하려고 노력하는 사람", "상대의 마음을 알아주려 애쓰는 사람". 얼핏 들으면 고개가 끄덕여지는 말들이었고, 따뜻한 감정이 느껴지는 말들이기도 했다.

그런데 이 지점에서 나는 조금 다른 이야기를 전하고 싶다.

물론 이해하려는 태도와 공감하려는 자세는 관계에서 중요한 미덕이다. 인간은 타인의 세계를 전부 알 수 없기에, 다가가려는 노력 자체는 소중하다. 하지만 역할관계성이론의 관점에서 보자면, 그것만으로는 결코 '소통적'이라고 말할 수 없다. 왜냐하면, 이해와 공감이란, 결국 내 안의 '기준'을 통해서 상대를 해석하려는 시도이기 때문이다.

사실 '이해한다.'라는 말 속에는 내가 이해할 수 있는 만큼만 받아들이겠다는 조건이 포함되어 있다. '공감한다.'라는 말 역시 내가 감정적으로 받아들일 수 있는 범위 안에서만 작동한다. 즉, 내 의식과 내 신념이라는 틀 안에서 내 경험, 내 감정이 상대를 바라보는 것을 말한다. 이러한 틀은 곧 편견과 선입견에 기초한다. 우리가 자각하지 못한 채 끼워 넣고 있는 일종의 해석서나 필터인 셈이다.

이 필터는 아주 교묘하다. 내가 진심으로 말했다고 생각하는 문장 속에도, 그 영향은 여전히 스며들어 있다. 예를 들어 "나는 널 이해해"라는 말은 정말 그 사람을 '있는 그대로' 받아들였다는 뜻일까? 아니면 내가 이해할 수 있는 방식으로 나의 틀 안에서 해석했다는 것일까? 이 질문은 꽤 중요하다. 우리는 종종 '내가 얼마나 노력했는지'를 소통의 기준으로 삼지만, 진정한 소통은 '노력의 총량'이 아니라, 그 노력이 얼마나 편견과 선입견을 제거했는가에 달려 있다.

그래서 나는 소통이란 '잘하는 것'이 아니라, **'걸림돌을 비워내는 것'**이라고 말하고 싶다. 그것은 기교가 아니라 여백의 문제다. 내가 말할 때, 상대방에게 전달되는 나의 의도가 왜곡 없이 도달할 수 있는가. 상대가 말할 때, 그 말이 내 안에서 오염되지 않고 받아들여질 수 있는가. 이것이 바로 순수소통의 핵심이다. 말이 오가는 통로가 막힘없이 열려 있을 때, 우리는 말보다 더 깊은 어떤 흐름을 경험하게 된다. 이때 감정과 논리, 느낌과 생각이 하나의 생명처럼 순환되기 시작하는 것이다.

순수소통이란 어떤 의도나 감정의 알력이 없는 상태에서 이루어진다. 그 순간, 소통은 기술이 아니라 존재의 흐름이 된다. 관계는 수행해야 할 의무가 아니다. 살아 있는 생명처럼 작동하는 것이다. 이 흐름은 인위적인 것이 아니다. 마치 물이 낮은 곳을 향해 흘러가듯, 소통 역시 편견과 선입견이 제거된 상태에서 흐르는 자연스러운 순환이다.

이때 중요한 건, "나는 누구로서 관계하고 있는가? 나는 현재 어떤 역할로 상대와 관계를 맺고 있는가?"이다. 역할이란 단순한 위치가 아니라, 관계 속에서 살아 숨 쉬는 하나의 순수관계속성이다. 그래서 역할이 막히면 관계도 막히고, 역할이 열리면 소통도 흐른다. 이 흐름은 곧 관계의 생명력이다. 내가 가진 느낌과 생각이 왜곡 없이 전달되고, 상대방의 느낌과 생각이 있는 그대로 수용될 수 있을 때, 비로소 우리는 살아 있는 관계를 경험한다.

그래서 조용히 나에게 묻고 싶다.

지금 나의 마음 안에는 얼마나 많은 편견과 선입견이 머물러 있을까? 그리고 그것은 나의 말과 표정, 태도 속에서 어떤 방식으로 작동되고 있을까? 때로는 우리의 의도가 아무리 선해도, 내면의 필터는 상대에게 상처가 되기도 한다. 반대로, 무심코 던진 말이 누군가에게 깊은 위로가 되기도 한다. 그 차이는 의도가 아니라 맥락의 투명성, 즉 나의 역할 인식에 달려 있다.

그래서 책을 잠시 덮고 우리 스스로에게 물어보면 좋겠다. "나는 지금 내 말이 어떤 필터를 통과해 나가고 있는지 인식하고 있는가?", "나의 말은 순수한 맥락을 가지고 있는가?", 아니면 "나도 모르게 끼어든 감정의 찌꺼기와 신념의 고정관념이 실려 있지는 않은가?" 그걸 알아차리는 순간, 소통은 더 이상 "상대에게 다가가기 위한 노력"이 아니라 "내 안을 투명하게 비워내는 정리"로 바뀌게 된다.

결국, 소통지수란 나의 의식과 신념이 얼마나 객관화될 수 있는가에 달려 있다. 내가 가진 기준의 자리를 한 걸음 물러서서 바라볼 수 있을 때, 내 마음 안에 머물던 애틋한 상처들과 얽힌 사연들이 보이기 시작할 것이다. 그리고 그 사연을 이해할 수 있을 때, 우리는 비로소 상대의 세계를 있는 그대로 만나게 될 것이다. 이때 비로소 관계의 문은 활짝 열리게 된다.

소통지수는 내가 가진 편견과 선입견이 '보이는 만큼' 측정되는 것이다. 그리고 '보이는 만큼'이 순수 역할 관계의 지혜이기도 하다.

11.
의식과 신념은 관계가 필요한 특성일 뿐, 고정된 운명은 아니다

 역할관계성이론에 따르면, 우리의 의식과 신념은 '정신영역'에 속한 특성이다. 특성은 정신영역의 목적인 인지 안에 담겨 있다. 인지란 '인식'과 '지각'이라는 역할이 이루어야 할 정신영역의 목적이다. 그래서 의식과 신념은 인식과 지각의 타협된 관계를 통해 이룬 순수목적에 의해 형성되는 것이 중요하다. 이때 비로소 '자기의식'과 '자기신념'은 건강하게 자리 잡을 수 있다.

 그래서 인식과 지각에 의한 자각의 과정이 생략될 때 자기의식의 편견과 자기신념의 선입견은 한쪽으로 치우치며 정신 영역에 심각한 영향을 미치게 된다. 그러므로 정신의 문제에는 편견과 선입견이 맨 앞에 자리한다. 이런 이유로 상담에서 의식과 신념을 객관화하는 치료 방식은 대단히 중요하다.

 의식과 신념은 정신영역의 특성이다. 특성은 서로 다르므로 본래 '관계'를 맺을 수 없다. 그래서 특성은 늘 대칭을 이루고 있다. 특성 간의 만남은 곧 갈등이고 충돌이다. 마치 양자역학에서 말하는 '입자의 속성'처럼 특성은 서로 일정한 거리를 두고 존재할 수밖에 없다. 특성은 이런 면에서는 '관계 불가능한 구조'처럼 보이기도 한다.

그러나 이러한 특성에도 희망이 있다. 바로 하나의 '목적' 안에 두 특성이 존재한다는 것이다. 그러므로 의식과 신념은 순수목적을 품은 역할인 인식과 지각의 타협을 통해 인지의 목적을 일치로 이룰 수 있는 것이다. 역할은 관계적 속성을 지니고 순수목적을 추구한다. 그리고 분리된 두 특성을 연결해 주는 중재자이다. 마치 생명이 세포 분열을 통해 이어지듯, 분리된 서로 다른 특성이 관계를 통해 연결되어 생명을 탄생시키는 것과 같다. 인간이 가진 고유한 특성들은 역할의 순수 개입을 통해서만 열리게 된다. 따라서 '분리가 일치의 미학'이 될 수 있는 이유는 역할 때문이다.

그래서 관계적인 사람은 고정된 의식이나 신념에 갇히지 않는다. 그것은 자신의 기대나 실망, 말하지 못한 감정에게 끊임없이 자문을 구하기 때문이다.

예컨대, "나는 정말 저 사람을 있는 그대로 보려 하고 있는가?", "지금 내가 느끼는 이 기분은 현재 상황 때문인가, 아니면 오래된 기억이 덧씌워진 것인가?", "내가 지금 원하는 건 진짜 소통인가, 아니면 단순한 확인인가?" 이러한 자기와의 정직한 대화가 가능할 때, 우리는 소통을 위한 진짜 준비가 된 것이다.

역할관계성이론에서 자각은 '자기인식의 역할 정체성'과 '자기 지각의 역할 정체성'과 연결되는 것을 말한다. 역할 정체성이 확립된 사람의 감정은 고정된 것이 아니라, 관계 경험을 통해 충분히 변화 가능한 '역할의 유연성'을 가지게 된다.

우리는 소통의 실패를 개인의 결함으로만 보지 않아야 한다. 그것은 하나의 구조적 현상이며, 관계 속에서 나타나는 의식적, 신념적, 심리적 작용의 일부이다. 이 구조를 이해하기 시작하면, 우리는 소통의 실패 앞에서 좌절하는 대신, 오히려 그 경험을 통해 관계를 더 깊이 이해하고, 자신을 성찰할 기회를 얻게 될 것이다.

관계란 완벽한 이해에 도달하는 여정도 아니다. 관계는 끊임없이 질문하고, 갱신하고, 조율해 가는 살아 있는 호흡이다. 누군가를 완전히 안다고 확신하는 순간, 관계는 멈춰 버리게 된다. 그러나 '아직 잘 모른다.'라고 인정하는 순간, 관계는 다시 숨을 쉬기 시작한다. 그 겸손함 속에서 우리는 타인을 이해할 가능성을 회복하고, 나 자신도 변화의 여지를 갖게 된다. 그것이야말로 인간이 관계 안에서 성장하는 방식이다.

결국, 우리는 서로를 완벽히 이해하기 위해 관계하는 것이 아니다.

오히려 완전한 이해의 불가능성을 받아들이고도 함께할 수 있기 위해 관계하는 것이다. 소통은 완전한 이해에 머무는 것이 아니라, 불완전한 존재들이 이해하려 애쓰는 그 과정에 존재한다. 그 애씀은 때로 좌절을 낳고, 오해와 실망을 동반하지만, 그 안에서 우리는 더 진실한 나, 더 성숙한 타인을 만나게 될 것이다.

그러므로 관계란, 진실을 향한 기나긴 설득의 여정이다. 짜증과 실망, 울분과 애정, 기대와 포기 사이를 오가며 우리는 아주 인간적인 방식으로 성장하게 된다. 그리고 이 여정을 통해 우리는 비로소 '관계'라는 삶의 본질적 장면을 마주하게 된다. 그 장면 속에서, 소통은 더 이상 기술이 아니라, 관계를 바라보는 태도이자 삶의 방식이 된다.

12.
순수소통 vs 공감과 이해

"통로가 열려야 소통은 흐른다."
"나는 널 이해해."
"그 기분 나도 알아."

우리는 이런 말들을 자주 주고받는다. 공감과 이해는 인간관계에서 굉장히 중요한 말처럼 느껴진다. 누군가 내 마음을 '알아준다고.' 느낄 때 그 사람과의 거리는 확 줄어든다. 반대로, 내가 아무리 말을 해도 상대가 나를 이해하지 못한다고 느껴지면, 속에서 짜증이 차오르고 말문이 닫히기도 한다. 그래서 많은 사람은 소통이 잘 되기 위해선 '공감'과 '이해'가 필요하다고 말한다. 틀린 말은 아니다. 하지만 소통의 본질적 의미를 살펴보기 위해 여기서 한 가지 질문을 던져 보자.

"공감하고 이해한다고 해서, 진짜로 소통이 이루어졌다고 할 수 있을까?"

겉보기엔 우리가 서로 마음을 주고받고 있는 듯 보일 수 있다. 그런데 가만히 들여다보면, 그 공감과 이해 속에는 여전히 나만의 관점, 나만의 기준, 그리고 은근히 작동하는 편견이 숨어 있는 경우가 많다.

내가 상대를 얼마나 '이해하느냐'는 결국, 내가 가진 생각의 틀 안에서 그를 어떻게 받아들이느냐의 문제다. 마찬가지로, 내가 공감한다는 것도 결국 내 감정으로 상대의 감정을 느껴보는 것이다. 그건 중요한 실천의 태도이고 덕목이지만, 여전히 '내가 주체'라는 필터를 벗어나긴 어렵다.

"소통이 흐르기 전, 통로는 열려 있는가?"

여기서 우리가 주목해야 할 것은 **'순수소통'**이라는 개념이다. 앞에서 언급했듯, 순수소통이란 **'편견과 선입견이라는 장애물이 제거된 통로의 상태'**를 말한다. 말이 오고 가기 전, 마음이 흐르기 전, 그 길이 맑고 넓게 열려 있었는가를 묻는 것이다.

공감과 이해가 소통의 물줄기라면, 순수소통은 그 물줄기가 흘러가는 통로를 말한다. 이 통로가 삐뚤고 좁게 막혀 있다면, 아무리 좋은 감정도, 아무리 논리적인 설명도 왜곡되기 쉽다. 그래서 감성도, 이성도 통로가 막히면 흘러갈 수 없다.

공감이란 "네 슬픔 안에 들어가 함께 느끼며 슬퍼할게"라는 감정적 연결이다. 이해란 "네 말의 의미를 논리적으로 내가 받아들였어"라는 이성적 확인이다.

하지만 순수소통은 조금 다르다.
그건 "나는 지금 너와의 사이에 어떤 걸림돌도 두지 않을게"라는 내면의 준비다. 그리고 이 준비는 공감과 이해가 제대로 작동하기 위한 전제조건이다.

조금 다른 비유를 들어 보자.
공감과 이해는 좋은 물컵과 같다. 개인 취향에 따라 예쁜 유리컵이든, 튼튼한 머그잔이든, 하지만 그 컵이 놓이는 탁자 위의 공간이 컵을 놓을 수 없도록 울퉁불퉁하거나 너무 좁다면? 그 좋은 컵은 탁자와 어울리지 않거나, 컵이 기울어 물이 넘칠 수 있고 컵조차 떨어질 수 있을 것이다. 순수소통은 바로 그 탁자 위의 공간을 말한다. 울퉁불퉁한 표면을 매끄럽게 다듬고, 그 위를 깨끗하게 정리하는 과정을 거쳐야만, 비로소 공감도 이해도 제자리에 놓일 수 있는 것이다. 그러니까 진짜 소통이란, 좋은 말을 잘하는 기술이기 이전에, 그 말을 담아낼 마음의 공간을 먼저 비우고 준비하는 태도가 우선인 것이다.

그래서 우리는 묻게 된다.
"나의 통로는 지금 열려 있는가?"

"나는 지금, 상대의 이야기를 들을 준비가 되어 있는가?"

"나는 지금, 나의 편견과 선입견을 얼마만큼 비워 두고 있는가?"

이 질문은 관계의 기술이 아니라, 나의 내면을 바라보는 성찰이다. 순수소통은 내가 얼마나 상대를 '잘 이해했는가'를 따지는 것이 아니라, 내가 얼마나 내 틀을 내려놓았는가를 살펴보게 한다. 순수소통이 막혀 있으면 공감과 이해는 왜곡되기 쉽고, 순수소통이 열려 있으면 공감과 이해의 감동이 흐를 수 있게 된다.

결국, 소통의 시작은 '상대'를 공감하고 이해하기 이전에, '나'를 어떻게 정돈하고 비우는가에 달려 있다. 이 통로를 비워내는 연습은 우리가 진짜로 말이 통하는 사람, 마음이 오가는 사람이 되기 위한 첫걸음이 될 것이다.

실천적 소통 체크리스트
- 공감과 이해를 점검하는 실천 항목 -

구분	점검 항목	예	아니요
공감	상대의 감정을 판단하지 않고 그대로 느끼려 노력하고 있는가?		
	감정 표현에 "그럴 수 있어." "그 마음 이해돼." 등의 지지를 전하고 있는가?		
	감정이 나와 다르더라도 무시하거나 피하지 않고 상황인식에 따라 마주하고 있는가?		
이해	상대의 말을 끝까지 듣고 이해하려는 노력을 먼저 하고 있는가?		
	상대의 입장, 배경, 이유를 먼저 질문하고 확인하고 있는가?		
	감정이 앞서더라도 내 언어가 사실에 기반하고 있는가?		

편견과 선입견 자가 점검표
- 내면의 통로를 막고 있는 심리적 장애물 점검 -

구분	점검 항목	자가 점검
편견	그 사람을 볼 때 '원래 그런 사람'이라 일반화하진 않았는가?	□ 자주 있다 □ 가끔 있다 □ 없다
편견	특정 조건(성별, 나이, 직업 등)만으로 평가하진 않았는가?	□ 자주 있다 □ 가끔 있다 □ 없다
편견	내가 더 옳다고 느끼는 우월감이 작동하진 않았는가?	□ 자주 있다 □ 가끔 있다 □ 없다
선입견	말을 듣기 전에 이미 어떤 말을 할 것이라고 단정하진 않았는가?	□ 자주 있다 □ 가끔 있다 □ 없다
선입견	내 생각과 다르면 바로 방어하거나 반박하려 들진 않았는가?	□ 자주 있다 □ 가끔 있다 □ 없다
선입견	말과 행동을 내 기준으로 왜곡해 받아들이진 않았는가?	□ 자주 있다 □ 가끔 있다 □ 없다

2장

기분

1.
마음의 창을 들여다본다

상담을 하다 보면 참 많이 마주치는 말이 있다. "그냥 기분이 안 좋아요." 그럴 때 나는 "왜 그렇게 기분이 나쁠까요?" 하고 물으면, 돌아오는 답은 의외로 명확하지 않다. "딱히 뭐라고 말하긴 힘든데, 그냥 다 싫고, 다 귀찮아요." 혹은 "뭐가 이렇게 기분을 상하게 했는지 잘 모르겠어요." 이런 말들을 한다.

사실 이런 대화는 아주 흔해서, 상담실에서만이 아니라 우리 일상에서도 너무 익숙하다. 나 자신도, 또 주변 사람도 종종 이런 말을 내뱉는다. 감정은 구체적으로 말하기 어려워 대신 '기분'이 그 자리를 대신하는 셈이다.

그럴 때 몸은 무겁고 마음은 눌린 것처럼 느껴진다. 말수가 줄고, 평소 같으면 웃고 넘길 사소한 일에도 반응하지 않거나 예민하게 반응한다. 주변에선 아무 말도 하지 않았는데도 마음 한편이 지치게 된다. 뭔가에 눌려 숨쉬기 힘든 듯한, 그런 하루는 이렇게 시작된다. 이럴 때 우리는 종종 스스로에게 묻는다. "내가 왜 이렇게 힘들지?" 하지만 막상 그 질문에 명확한 답을 찾기란 쉽지 않다. 왜냐하면, 기분이라는 것이 내 마음속 깊은 감정을 앞질러서 나오는 경우가 많기 때문이다.

 감정을 붙잡아 구체적으로 마주하지 못한 채, 그저 '기분'만 흘러가면, 우리는 왜 힘든지 알지 못한 채 그저 하루하루를 버티게 된다. 그래서 '기분이 나쁘다.'라는 말은 단순히 "오늘 기분 안 좋아요"라는 말 이상일 수 있다. 사실 그 말 속에는 마음 안에서 무언가 균열이 생기고, 마음의 구조가 살짝 무너지는 순간들이 담겨 있을지도 모른다.

 그렇다면 우리는 왜 이런 기분을 느끼는 걸까? 그리고 어떻게 해야 이 모호한 기분의 실체를 찾고, 마음을 다시 편안하게 할 수 있을까?

2.
창 안에 두 그림자

감정과 기분, 이 둘은 우리가 일상에서 자주 섞어 쓰지만, 사실은 꽤 다른 친구들이다. 감정은 흐르는 물과 같고, 기분은 흐르는 물이 바람이나 돌들에 의해 출렁이는 파도와 같다. 그러므로 기분은 그냥 마음 한쪽을 두루 감싸는 상태와 같은 것이다. 그래서 기분은 다루기 쉽지 않다. 예를 들어 정돈된 감정은 "그 말 때문에 속상했어"라고 구체적으로 말할 수 있다면, 기분은 '그냥 찝찝해', '뭔가 싫어'처럼 말로 딱 집어 표현하기 힘들다. 이 차이가 우리 삶에서 매우 큰 영향을 준다.

다른 예를 들어 보자. 퇴근해서 친구에게 짜증을 냈다. 친구가 "왜 그래?" 하고 묻는데, "기분이 안 좋아서"라고만 대답한다. 근데 정작 왜 기분이 안 좋은지는 모르겠다. 회사 상사의 말 한마디가 마음에 남았는지, 아니면 아침부터 피곤했는지 아니면 내 안에 숨겨 둔 부정적 의식이나 감정이 건드려진 것인지 알 수가 없다. 이 상태가 바로 '기분만 남고 감정은 보이지 않는' 상황이다. 그래서 왜 짜증이 났는지 설명 못 하고, 상대도 이해하기 어렵다. 그러니 대화는 꼬이고, 관계는 엇나가기 쉽다. 문제는 말이 아니라, 우리 안에 깨어나지 않은 부정적 감정들이 흘러 다니는 것이다.

우리는 하루에도 수없이 기분에 따라 말하고 행동한다. 기분이 좋으면 더 관대해지고, 기분이 나쁘면 더 예민해진다. 그런데 그 기분 속에 긍정적인 감정이 분명히 드러나 있지 않으면, 기분은 우리 삶과 인간관계에 몰래 영향을 미친다. 심지어 예측하기 어려운 방식까지도 영향을 미친다.

결국, 하루 기분이 오늘 하루를 좌우하고, 반복되는 기분이 인생 전체의 태도를 만든다. 그래서 우리의 기분은 평생 주제 없이 흐르는 음악, 즉 감정에 주제를 부여하여 몸을 맡겨 춤을 추며 살아가는 것이 필요하다.

그것은 기분을 다루는 일이며 이는 내 삶을 정리하는 일이다. 이때 기분은 자기의 역할을 충실히 하게 된다. 이 둘의 차이를 알고, 내 안에서 그것을 구분해 낼 때, 우리는 내 마음의 날씨에 휩쓸리지 않고 중심을 잡을 수 있다. 그것이 바로 심리적 주체성의 시작이다.

3.
기분은 어디서 오는가

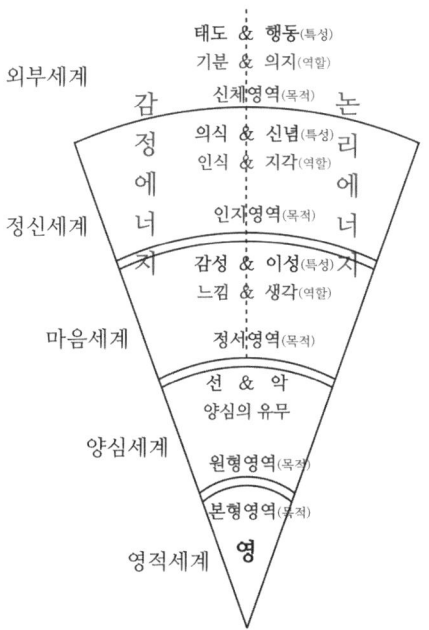

[그림1] 역할관계성이론(황정연 2020)

"그냥 기분이 나빠요"

우리가 이런 말을 할 때, 그 '기분'은 하늘에서 뚝 떨어진 것이 아니다. 무(無)에서 갑자기 솟아난 것도 아니다. 역할관계성이론에서 말하는 역할 관계 심리학적 구조로 보면, 기분은 신체 영역의 감정 라인 역할로 태도에 영향을 미친다. 쉽게 말해, 기분은 우리가 의식하지 못한 채 마음속에 흘러 태도를 나타내는 신체 영역의 역할이다.

이것을 조금 더 깊게 살펴보면, 우리 인간의 내면은 다섯 겹으로 나뉜다. 신체, 정신, 마음, 양심, 그리고 영적 영역이다. 그러나 여기서는 좌우로 나뉘진 신체, 정신, 마음 영역까지 살펴보는 것이다. 이 세 영역에는 특성 에너지가 좌우로 나누어져 있다. 우측에는 감정 에너지, 좌측에는 논리 에너지가 세 영역을 오가며 활동한다. 그중에 기분은 신체 영역의 감정 쪽 역할이고, 태도는 특성이다. 기분은 우리가 어떤 상황을 보고 알아차리는 인식에서 시작하여 느낌을 거쳐 기분이 되고 이 기분은 태도로 전해진다. 태도는 관망하고 탐색하는 특성이다. 그래서 기분이 행동이 되기 위해서는 의지와 타협적 관계를 거쳐야 한다. 그럴 때 기분은 분명해지며, '내가 왜 화가 났는지' 혹은 '왜 슬픈지'를 이해하게 된다. 그러나 대부분 사람의 기분은 그 과정 전에 머물러 원인을 찾기 어렵고, 그래서 모호한 기분의 상태가 된다.

예를 들어 보자. 직장에서 상사와 잠깐 대화를 했는데, 뭔가 어딘가 서운하다. 그 서운함이 무엇 때문인지 말로 표현하기 어렵다. 그러나 몸은 이미 '답답함', '무거움'을 느끼고 있다. 이때 나타나는 게 바로 '기분'이다. 그것은 분명 감정에서 시작됐지만, 아직 구체적인 이름을 얻지 못한 상태다. 그래서 우리는 "기분이 안 좋아요"라고 말한다.

그런데 이 기분은 결코 혼자 생겨난 게 아니다. 항상 관계 속에서, 누군가와의 상호작용 속에서 만들어진다. 대화 중에 제대로 인정받지 못했다고 느꼈을 때, "나를 무시하는구나." 하는 미묘한 신호가 마음속에 쌓인다. 그 신호가 완전히 인식되지 않으면, 기분으로 남아 마음을 점점 무겁게 한다. 기분은 이렇게 쌓이고 또 쌓여 어느새 이유 모를 불쾌감으로 일상에 스며들게 되는 것이다.

반면, 이 기분을 그냥 흘려보내지 않고, 그 안에 숨어 있는 감정을 찾아내는 순간, 상황은 달라진다. "기분이 안 좋아"라고만 말하는 대신, "내가 존중받지 못했다고 느껴서 기분이 안 좋아요"라고 명확히 표현할 수 있다면, 그건 더 이상 막연한 기분이 아니라 분명한 감정이 된다. 분명한 감정을 상대에게 관계적으로 전할 때, 문제는 함께 풀어 갈 수 있게 된다.

그래서 기분을 그냥 '모호한 기분'으로 남기지 않고, 그 속에서 숨겨진 부정적 감정을 찾아내는 노력은 내 마음을 정리하는 일이자 관계를 회복하는 첫걸음이다. 역할관계성이론은 이 점을 아주 명확하게 알려 준다. 기분은 단순한 기분이 아니라, 관계가 만들어 낸 신호이며, 동시에 우리가 가장 자주 오해하고 무시하는 마음의 메시지라고….

정리하자면, 기분은 우리가 사는 관계에서 태어나고, 감정은 그 관계를 이해하고 정리하는 과정에서 완성된다. 그래서 우리가 내 '기분'의 출처를 찾아보려는 시도는 단순히 내 감정 상태를 분석하는 게 아니라, 나와 타인 사이의 관계를 다시 확인하고 조율하는 작업이다. 이 작업을 통해 비로소 나는 나 자신과 다른 사람들과 더 건강하게 연결될 수 있다.

4.
감정은 어떻게 기분을 끌어내는가

기분은 '아직 감정이 정확히 인식되지 않은 전 단계'라면, 감정은 바로 '기분의 정체성'이라고 할 수 있다. 우리가 흔히 '기분'과 '감정'을 섞어 쓰곤 하지만, 역할관계성이론에서는 이 둘을 분명하게 구분한다. 기분은 모호하고 흐릿한 상태이며, 감정은 그것이 인식되고 명확한 형태로 드러난 결과이다. 감정은 단순히 '기분의 색깔'이 아니라, 내면에서 뚜렷한 반응을 하나의 구조 안에서 나타내게 하는 에너지의 현상이다.

우리는 주로 감정을 마음 영역에서 '느낌'이라는 역할로 경험한다. 이 '느낌'은 내가 누군가와 관계 맺는 순간, 그 대상이나 상황에 빠르게 반응하여 발생하는 정서적 신호인 기분을 만들어 낸다. 그래서 기분은 타인 혹은 사건이 자신의 내면과 맞닿았을 때 생겨나는 정서적 반응인 것이다. 따라서 기분은 '나'라는 내면과 '너'라는 외부의 관계성을 전제로 한다. 여기서 관계가 중요한 이유가 생긴다.

예를 들어 보자. 친구가 약속 시각에 반복해서 늦는 상황을 떠올려 보자. 처음엔 '조금 늦었네'라고 넘기며 좋지 못한 느낌을 기억하게 된다. 그러나 반복될수록 내 마음속에는 실망으로 '왜 그러지'라는 짜증스러운 기분이 생긴다. 그리고 짜증이 생긴 이유를 알게 되면 "내가 무시당하는구나"라는 정리된 기분을 갖게 된다. 그런데 만약 이렇게 흐르는 감정들을 즉시 인식하지 못하거나, 심지어 일부러 외면해 버린다면 어떻게 될까? 이 감정은 곧바로 애매하고 모호한 '기분'의 상태로 변형된다. 그래서 우리는 "그 친구랑 있으면 기분이 껄끄러워", "요즘 만나는 게 별로 반갑지 않아"라고 말하게 된다.

문제는 이 상태가 지속되면, 관계 속에서 드러나는 문제의 본질은 감춰지고, 그저 막연한 거리감과 불쾌함만 남게 된다. "내가 왜 이렇게 기분이 안 좋은지"조차 설명할 수 없으니, 스스로도 답답하고 피곤하다. 상대와도 소통이 어렵다. 결국, 기분에만 끌려다니는 느낌만 남게 된다.

역할관계성이론은 여기서 중요한 통찰을 준다. 감정은 기분에 '의미'를 부여하고 '방향'을 제시하는 역할을 한다는 점이다. 그래서 감정이란 흐릿한 정서의 신호인 기분을 분명하게 만들어 관계를 개선하려고 노력을 한다. 이 구조가 명확해질 때, 우리는 더 이상 기분에 휘둘리지 않고, 그것을 관계로 회복하는 실마리로 삼을 수 있다.

역할관계성이론에서는 마음 영역의 역할을 '느낌과 생각'이라고 한다. '느낌'은 감정의 감각적 반응이고, '생각'은 지각과 연동하여 그 감정을 해석하고 설명하려는 논리적 반응이다. 이 둘이 타협하는 과정을 거칠 때 비로소 우리는 기분을 의식적 감정으로 바꿔 낼 수 있다. 예를 들어 "기분이 나빠요"라고만 말하던 사람이 "사실 내 말이 무시당했다고 느껴서 화가 난 거였어요"라고 말할 수 있다면, 이는 기분이라는 표면을 넘어 의식된 감정의 핵심에 도달한 것이다. 그 순간부터 관계는 전혀 다른 모습으로 진전된다.

이뿐만 아니라, 감정은 감성적 형태로 정서가 되고, 이 정서는 반복되는 인간관계의 패턴으로 발전한다. 우리가 감정을 제대로 인식하고 감성적으로 다룰 수 있어야, 건강한 정서로 관계의 흐름도 만들어 낼 수 있다는 의미다. 만약 감정을 무시하거나 억압하면, 기분은 불안정하게 요동치고, 관계는 예측 불가능한 방향으로 흐르게 된다.

한 가지 비유를 들어 기분이 삶의 날씨라고 가정해 보면, 감정은 그 날씨를 만드는 기압과 바람의 흐름과 같다. 기분은 당장의 상태이고, 감정은 그 상태를 만들어 낸 내면의 원리이자 동력이다. 날씨가 급변하면 우산을 챙기거나 옷을 갈아입듯, 기분을 잘 다루려면 그 배후의 감정을 마주하고 이해해야 한다.

그런데 감정을 마주하는 일이 쉽지만은 않다. 관계 속에서 내가 어떤 느낌을 경험했는지, 왜 그런 느낌이 생겼는지 스스로 해석해 내는 데에는 논리적 사고가 반드시 필요하다. 논리적 사고는 감정을 단순한 혼란이 아니라 '이해의 대상'으로 만들고, 내가 느끼는 감정의 의미를 분명히 한다. 이 과정은 불편하고 때론 힘들지만, 바로 그 과정이 관계를 성숙하게 만드는 심리 구조를 향한 여정이다.

마지막으로, 감정과 기분을 관계적으로 이해하도록 다루는 것은 단지 내면의 평화를 위한 것이 아니다. 그것은 타인과의 관계를 건강하게 지속할 수 있게 만드는 기본 토대이다. 감정의 정체성을 이해하고 소통할 때, 우리는 기분에 끌려다니지 않고 주체적으로 삶을 살아갈 수 있다. 그리고 그렇게 함으로써, 우리는 내 마음과 타인의 마음이 함께 이어지도록 하는 관계를 만들어 갈 수 있다.

5.
감정의 오해, 기분의 왜곡

"나 그 말에 상처받았어."
"그런 뜻으로 한 말 아니었어! 왜 그렇게 예민하게 받아들여?"

우리는 이런 대화를 일상에서 너무 자주 경험한다. 한쪽은 마음속 깊은 감정을 꺼내어 표현하고자 하지만, 상대방은 그 감정을 불편해하며 방어적인 태도를 보인다. 결국, 감정은 억눌리거나 무시되고, 그 자리에 기분이라는 찌꺼기만 남는다.

역할관계성이론의 시선으로 보면, 이 장면은 구조적 실패를 드러낸다. 감정은 분명 표현되었으나, 그 '느낌'이 놓인 맥락이나 배경은 상대에게 전달되지 못했고, 오직 논리적 해석만 시도되었다. 그래서 감정은 제자리를 잃고, 설명되지 않은 채 떠돌다가 기분의 형태로 관계 속에 남게 된다. 그리고 그 기분은 다음 만남에서도 그대로 영향을 미친다.

예를 들어 보자. 부부 사이에서 남편이 아내가 식사 도중 계속 휴대폰을 보는 행동에 불편함을 느꼈다. 하지만 그 불편함이 정확히 어떤 감정인지 인식하지 못하고, '기분 나쁨'으로만 남았다. 남편은 말없이 표정을 굳히고 대화에 소극적이 되었다. 아내는 그런 남편의 태도에 짜증이 나서 결국 다툼이 벌어진다.

"또 왜 그래?"
"아니야. 그냥 기분이 별로야."
"그게 무슨 말이야. 또 뭔데!"

이런 반복되는 패턴 속에서, 감정의 맥락은 사라지고 오직 기분만이 관계의 공기를 무겁게 만든다. 감정은 서로에게 '설명되지 않은 경험'으로 남아 추측과 판단의 언어로 채워진다. 결국, 서로의 진짜 감정은 가려지고, 관계는 점점 멀어진다.

우리가 감정을 명확히 인식하고 표현하지 못하는 데에는 문화적 요인도 크다. 감정을 표현하는 일이 곧 '갈등 유발'로 인식되는 사회 분위기, "속 좁아 보일까 봐", "상대가 상처받을까 봐", "말해 봤자 달라질 게 없으니까" 하는 생각들이 감정의 표현을 억누른다. 억눌린 감정은 점차 무기처럼 되거나, 감각 자체가 무뎌지기도 한다.

기분이 앞서고 감정이 사라지면, 관계에서 무력감을 겪게 된다. 무슨 문제인지 명확히 알 수 없는데도 계속 불편하고 피로하다. 감정이 제대로 전달되지 않으면 관계는 진실을 놓치게 되고, 결국 억측과 오해 속에 멀어져 간다.

따라서 기분을 이해하는 첫걸음은 내 안에 자리한 감정을 찾아내고, 말로 표현하는 데 있다. 감정은 관계 속에서 방향을 제시하지만, 기분은 그 방향을 흐리게 만들기도 한다. 감정을 솔직히 표현할수록, 기분의 혼란은 줄어들고 관계는 점차 명료해진다.

이 과정은 단순한 '자기표현' 기술을 넘어선다. 그것은 서로를 더 잘 보고, 더 깊이 듣고, 진심으로 연결하려는 심리적 태도이다. 감정을 함께 나누는 관계는 기분의 기복에 휘둘리지 않는다. 오히려 기분 속 숨겨진 감정을 함께 들여다보려는 마음 덕분에, 관계는 더욱 견고하고 깊어진다.

6.
기분 속 감정 찾기

"도대체 왜 이렇게 기분이 안 좋지?"

문득 이런 생각이 들 때가 있다. 하루를 시작하면서 별일 없이 눈을 떴고, 특별히 안 좋은 일이 있었던 것도 아닌데, 어딘가 불편하고 무기력하다. 그 기분은 출근길 지하철 안에서, 혹은 집안일을 하다가, 또는 누군가의 무심한 말 한마디 뒤에 몰래 따라온다. 그런데 문제는, 그 기분의 정체를 정확히 알 수 없다. 어디서부터 시작된 건지, 왜 이렇게 마음이 복잡한 건지 잘 모르겠고, 괜히 주변 사람들에게 짜증을 내거나 스스로를 몰아세우게 된다. 그리고는 밤이 되어 조용히 하루를 돌아보는 순간, 퍼즐 조각처럼 기억이 맞춰진다. "아, 그때 그 말, 그게 나를 서운하게 만들었구나", "오전 회의에서 내가 무시당한 느낌을 받았던 거였구나".

우리는 종종 감정보다 기분이 먼저 반응하는 구조 안에 살아간다. 감정이 충분히 인식되지 않은 채 떠돌다 보면, 그것은 흐릿하고 막연한 기분으로 변한다. 그렇게 남겨진 기분은 방향 없는 피로와 불편함이 되고, 때로는 대인관계에서 오해를 만들거나 나 자신과도 멀어지게 만든다. 이런 경험이 반복될수록, 우리는 스스로를 이렇게 단정 짓기 쉽다. "나는 그냥 감정적인 사람이야", "나는 원래 예민해서 그래" 하지만 실제로는 "감정적인 사람"이 아니라, "감정을 알아차릴 기회를 갖지 못한 사람"일 수도 있다.

기분이 흐릴수록, 감정을 찾아야 한다. 기분을 찾는 감정은 인식과 느낌이 담겨 있어 우리의 내면에서 관계로 나아가는 방향을 제시해 주는 나침반과 같다. 그리고 기분은 그 나침반 위에 낀 안개와 같다. 따라서 감정을 회복한다는 것은 그 안개를 걷어내고, 나의 진짜 마음을 바라보는 일에서 시작된다.

이를 위한 구체적이고 일상적인 기술들이 있다. 아래 네 가지는 역할관계성이론의 감정 구조에 기반한 감정 회복 훈련이자, 감정과 기분의 관계를 회복하는 심리적 태도이기도 하다.

- **기분 일기 쓰기: 감정을 언어로 붙잡는 연습**

기분이 나쁘거나 무기력할 때, 우리는 흔히 "그냥 기분이 안 좋아"라고 두루뭉술하게 말한다. 하지만 감정은 언어로 표현될 때 명료해지고, 그 순간부터 통제가 가능해진다. 그래서 먼저 필요한 것이 감정 언어를 훈련하는 것이다.

예를 들어, 하루에 한두 번이라도 자신에게 이렇게 질문해 본다.

"지금 내 기분은 어떤가?"
"이 기분을 만든 사건이 있었는가?"
"그 사건을 통해 내가 느낀 진짜 감정은 무엇일까?"

또 이런 식으로 기록을 남겨 본다.

기분: 답답하다
→ 감정: (1) 무시당한 느낌이었나? (2) 기대가 어긋난 실망? (3) 충분히 말하지 못한 억울함?

기분: 예민하다
→ 감정: (1) 과도한 책임에 대한 불안? (2) 반복된 피로? (3) 이해받지 못한 외로움?

이렇게 구체적인 감정의 얼굴을 붙이다 보면, 막연하던 기분이 정리되고, "내가 왜 이런 상태에 있는지" 이해할 수 있게 된다. 이는 곧 자기 존중으로 이어지고, 타인과의 소통에서도 단단한 중심이 되어 준다.

- 느낌과 생각으로 구분하기

"기분 나빠. 너 나한테 왜 그렇게 말했어?"

이 말에는 느낌과 해석이 한꺼번에 들어 있다. 문제는, 상대가 이 말을 들으면 감정을 듣기보다는 판단을 먼저 받아들이게 된다는 점이다. 결과적으로 방어가 생기고, 소통은 끊기기 쉽다.

역할관계성이론에서 말하는 감성적 느낌과 이성적 생각을 구분하면, 이런 말을 더 건강하게 다듬을 수 있다.

느낌: "그 말 들었을 때 속상했어. 내 마음이 작아진 느낌이 들었어."
생각: "내가 지나치게 예민한 건지도 모르겠지만, 나는 그게 무시처럼 생각됐어."

이렇게 표현하면, 상대는 "네가 그렇게 느꼈구나" 하고 감정 자체를 존중해 줄 수 있다. 생각은 해석 가능하다는 여지를 남기기 때문에, 갈등보다는 이해를 위한 대화로 이어지게 된다.

우리는 종종 감정을 표현한다고 생각하지만, 사실은 '해석'을 말하고 있는 경우가 많다. 그러므로 감정 회복의 핵심은, 내가 진짜 느낀 것은 무엇이고, 내가 해석한 것은 무엇인지를 분리해서 말하는 연습이다.

- 감정 언어를 쓰는 대화: '기분 대화'에서 '감정 대화'로

"그냥 짜증 나."
"기분이 이상해."
"뭐랄까, 좀 불편했어."

이런 말들은 인식과 느낌이 담긴 감정의 시작점이긴 하지만, 종착지는 아니다. 감정 대화는 훨씬 더 구체적인 감정 언어로 이루어진다. 예를 들어, 이렇게 질문을 던져 보자.

"그 기분, 혹시 언제부터 느꼈던 것 같아?"
"그때 네 마음 안에 있었던 감정은 뭐였을까?"
"무엇이 너의 마음을 가장 건드렸던 것 같아?"

이런 질문은 상대의 감정을 깊이 있게 탐색하게 해주고, 무엇보다 서로의 내면을 존중하고 있다는 느낌을 주게 된다. 감정이 안전하게 표현될 수 있는 분위기 속에서, 사람은 자연스럽게 마음을 연다.

대화가 인식과 느낌이 담긴 감정 언어를 중심으로 이루어지기 시작하면, 우리는 더 이상 기분을 해석하려 들지 않아도 된다. 대신, 상대의 감정을 함께 바라보며 이해하는 연결이 생긴다.

- 감정 표현에 익숙해지기: 연습으로 길들이기

처음 감정을 말하려고 하면 어색하다. "이걸 말해도 되나?, 부끄럽지 않을까?"라는 생각이 앞서기도 한다. 하지만 감정은 언어처럼 훈련할 수 있다. 자주 쓰고, 자주 나눌수록 더 자연스러워진다.

작은 표현부터 시작해 보자.

"오늘 아침에 네 말이 위로가 됐어, 고마워."
"회의 중에 좀 긴장됐어, 사람들이 다 날 보는 것 같았거든."
"그냥 네가 같이 있어 줘서 안정감이 들어."

이런 표현은 단순해 보이지만, 굉장한 신호를 보낸다.

"나는 내 감정을 인식하고 있고, 그것을 너와 나누고 싶어."

이 신호를 받은 상대는 자신도 감정을 말해도 된다는 안정감을 느끼게 된다. 감정을 말하는 일은 약함이 아니라, 관계를 지키기 위한 용기다. 기분에 휘둘리지 않고, 그 속의 감정을 들여다보는 사람이 있는 관계는 쉽게 무너지지 않는다. 감정은 표현될수록 명료해지고, 기분은 이해받을수록 평온해진다.

　기분은 감정의 흔적이다. 감정이 제자리에 놓이지 못하면, 기분이 흐려지고 관계도 불투명해진다. 기분을 회복하려면 감정을 발견해야 하고, 감정을 회복하려면 용기를 내어 말해야 한다. 그것이 바로 감정적 회복의 시작점이다. 기분의 언저리에 머무르지 말고, 그 속의 감정을 찾아가는 연습. 그것이 곧 내면의 건강이자, 관계의 정직함이다.

7.
감정 기반 소통이
관계를 지키는 힘

"기분만으로는 관계가 깊어지지 않는다."

 서운한 기분은 있어도, 정작 "그 말이 속상했어"라고 말하지 않으면, 상대는 나를 그저 "기분 나쁜 사람" 정도로 기억하게 된다. 아무런 설명 없이 풀죽은 표정이나 짜증 섞인 말투만 남기고 나면, 그 기분은 상대에게 오해와 불편만 남긴다. 결국, 감정이 소통되지 않으면 관계는 얕아지고, 기분은 파도 속 조각배처럼 더욱 흔들릴 수밖에 없다.

 반대로, 감정을 드러낸 소통은 관계를 지켜 내는 정서적 닻이 된다. 감정은 단순한 감상의 나열이 아니라, 사람과 사람 사이를 이어 주는 가장 직접적인 '진실의 메시지'이다. 감정 기반 소통이란, 말의 내용만이 아니라, 말의 의도와 맥락, 마음의 진동까지 함께 전하려는 노력이다. 그것이 기분이라는 흐릿한 신호를 지나, 감정이라는 명확한 언어로 관계를 단단하게 엮는 방식인 것이다.

- 감정이 말해 주는 것: 나를 드러내는 동시에, 상대를 초대하는 문

"슬펐어."

이 단순한 한마디는 때로 수많은 말보다 깊은 공명을 불러일으킨다. 방어적 태세를 풀게 하고, 상대의 귀와 마음을 동시에 여는 힘이 있다. 왜일까? 감정은 논쟁이 아니라 공감의 문을 여는 열쇠이기 때문이다. 감정은 옳고 그름의 문제를 따지지 않는다. 그것은 그저 "나는 이렇게 느꼈어"라는 존재의 진실을 고백하는 일이다.

우리가 누군가가 말하는 "나는 그때 참 외로웠어"라는 말을 들을 때, 우리는 자연스럽게 그 사람의 내면 깊이에 가서 닿게 된다. 상대방의 논리나 행동이 완전히 이해되지 않아도, 그 감정의 무게만큼은 알 것 같다는 느낌이 들 때가 있다. 감정의 언어는 인간을 이성적인 판단 이전에, 정서적인 연대로 엮이게 만든다.

그래서 감정에 기반한 대화는, 내 마음을 드러내는 동시에, 상대의 마음을 더 가까이 들이는 초대장이 된다. 말로 담아낸 감정은 단순한 표현을 넘어, 그 사람의 '있는 그대로의 모습'을 받아들이게 만드는 설득 이상의 힘을 가지고 있다.

- 감정은 신뢰의 지문이다: '보여 줄 수 있는 용기'가 만드는 유대감의 문

관계의 신뢰는 사실 거창한 약속이나 큰 사건에서 생기지 않는다. 오히려 아주 작고 사소한 감정 표현에서 싹트는 경우가 많다. 내가 두려움을 털어놓았을 때, 상대가 그것을 흘려듣지 않고 눈빛 하나, 몸짓 하나로 진지하게 반응해 준다면, 그 짧은 순간이 서로를 안전하다고 믿게 하는 첫 단추가 된다.

내가 분노를 털어놓았을 때, 상대가 나를 공격자로 여기지 않고, '그럴 수 있겠다.'라고 받아 주는 태도만으로도 유대감은 깊어진다. 반복된 경험 속에서 우리는 마음속으로 이렇게 말한다. "이 사람은 내 감정을 지워 버리지 않는다. 여긴 안전하다." 그렇게 감정은 관계를 붙잡는 신뢰의 지문이 된다.

반대로, 감정을 표현할 때마다 비난받거나 회피당하는 경험이 쌓이면, 우리는 점차 감정을 숨기고, 결국 "좋은 척하지만 피곤한 관계"를 만들게 된다. 감정을 공유하지 못하는 관계는 서로에게서 멀어질 수밖에 없는 거리감의 씨앗을 품는다.

그러니 감정을 보여 주는 것은 약함이 아니다. 오히려 감정을 내어 보일 수 있는 사람은 관계를 깊이 지켜 낼 수 있는 용기 있는 사람이다. 그런 용기 앞에서만 진짜 친밀함은 가능해진다.

- 감정 표현은 갈등을 줄이는 예방적 소통

사람들은 흔히 말한다. "괜히 얘기 꺼내서 싸움 만들고 싶지 않아." 하지만 정작 싸움이 커지는 건 대부분 그 '말하지 않음' 때문일 때가 많다. 표현되지 않은 감정은 마음속에서 굳는다. 설명되지 않은 감정은 오해를 만든다. 억눌린 감정은 쌓이다 보면 언젠가 폭발하거나, 침묵과 냉소로 관계를 갉아먹는다. 특히 가까운 관계일수록 감정을 말하지 않으면, "알아서 이해하겠지!" 하는 기대와 "왜 몰라줘" 하는 실망이 서로를 소리 없이 무너뜨린다. 하지만 감정을 제때 말하는 일은 갈등을 회피하는 게 아니라, 갈등이 작을 때 다루는 지혜다.

"그때 조금 섭섭했어."
"오늘은 좀 예민한 것 같아, 혹시 내가 짜증 낼까 봐 조심하고 있어."

이런 말은 작은 불편을 불씨가 되기 전에 가라앉히는 심리적 방화벽이 된다. 결국, 감정 표현이란, 관계의 불안 요소를 감춰 두는 게 아니라 드러내고 다루는 성숙한 방법이다. 말하지 않아도 되는 사이가 아니라, 말해도 괜찮은 사이가 될 때 관계는 더욱 단단해진다.

- 감정에 기반을 둔 소통이 만드는 '심리적 연결감'

사람은 본질적으로 감정을 주고받으며 '연결됨'을 느낀다. 내가 말한 감정이 이해받았다는 느낌, 내 존재가 받아들여졌다는 경험은, 우리가 관계에서 추구하는 가장 깊은 심리적 안전감을 만든다. 이 연결감은 단순히 "기분이 좋아졌다."라는 차원을 넘는다. 그것은 마음과 마음이 이어졌다는 체험이다. 누군가와 깊은 감정을 나눈 순간, 우리는 비로소 "혼자가 아니구나"라는 확신을 하게 된다. 이 연결감은 다음과 같은 정서적 회복력을 함께 제공한다.

이는 스트레스를 견디는 내적 자원이 되고, 갈등 상황에서도 유연하게 대화할 수 있게 하며, 상호 배려와 협력이 쉬워지고, 무엇보다 "내가 여기에 있어도 괜찮다."라는 존재감의 뿌리가 된다. 결국, 감정을 나눈다는 건 단지 기분을 말하는 일이 아니다. 그것은 서로의 세계에 다가가고, 서로를 다시 발견하는 일이기도 하다. 기분만 말하던 관계에서 감정을 나누는 관계로 넘어가는 순간, 우리 사이의 외로움은 조용히 사라지기 시작한다. 말하지 않아도 된다는 신화보다, 말해도 괜찮다는 현실이 관계를 지키는 힘이 된다.

8.
감정 기반 소통:
관계마다 다른 전략

모든 관계가 같지 않듯, 감정을 나누는 방식도 같을 수는 없다. 그래서 감정 기반 소통이란 단순히 "내 감정을 말하는 것"에 머무르지 않는다. 진짜 중요한 건 어떤 맥락에서, 누구에게, 어떤 방식으로 감정을 표현하느냐다.

관계의 속성과 심리적 거리, 그리고 상대의 감정 수용도에 따라 그 전략은 완전히 달라질 수밖에 없다. 감정 기반 소통은 결국 '관계적 감정 지능'의 실천이다. 누군가의 마음에 말을 거는 일, 그리고 그 마음과 연결되는 과정. 이 과정은 결코, 단순하거나 일률적이지 않다. 관계마다 필요한 언어가 다르고, 다가가는 속도도 다르다. 우리가 동일한 언어를 써도, 듣는 사람과의 관계가 다르면 그 의미는 전혀 다르게 받아들여질 수 있다.

이제 관계 유형별로 감정 기반 소통의 전략을 조금 더 깊이 들여다

보자.

- 부부 사이: 말의 방식보다 감정의 진심이 먼저다

부부 관계는 일상에서 가장 자주 감정이 교차하고, 동시에 가장 쉽게 감정이 왜곡되는 관계다. 서로 가장 가까운 존재인 만큼, 감정의 기대치는 크고, 실망도 깊게 느껴진다.

"그 말투가 또 시작이네."
"아니, 그게 아니라… 난 그냥 서운했다고 말한 거야."

이처럼 감정을 표현하는 순간조차, 방어와 공격의 전선이 그어지기 쉽다. 특히 부부 사이에서는 표현 방식이 아닌 진심의 무게가 중요하다. 말투는 감정을 전달하는 수단일 뿐, 본질은 그 안에 담긴 정서이다.

"당신이 그 말을 했을 때, 난 좀 슬펐어. 그 말이 내 마음을 아프게 했거든."

이런 말은 비난이 아니라 감정 중심 언어다. 상대를 탓하지 않으면서도, 내 마음을 명확히 전한다. 감정을 말할 줄 안다는 건, 감정이 격해졌을 때도 그 감정을 어떻게 전달할지 선택할 줄 안다는 뜻이기도 하다.

무엇보다 부부 사이에서는 '감정의 타이밍'이 매우 중요하다. 감정이 너무 뜨거울 때는 감정을 말하기보다는 감정을 잠시 정리할 시간이 필요할 수도 있다. 침묵이 필요한 순간도 있고, 서로 감정을 다룰 준비가 되었을 때 대화를 여는 것이 관계를 지키는 길이 된다. "지금은 말하면 더 상처 줄 것 같아. 나 조금만 정리하고 이야기하자." 이런 문장 하나가, 격한 감정을 덜어내는 시간이자 관계를 지키는 다리 역할을 한다.

결국, 부부 사이의 감정 소통은 "어떻게 말할 것인가"보다 "무엇을 위해 말할 것인가"를 끊임없이 되묻는 과정이다. 그 과정이 누적될 때, 관계는 견고해지고, 감정의 진심은 더 잘 통하게 된다.

- 부모 자녀 관계: 관계발달단계 과정을 인정하기

아이와 감정적으로 잘 소통하고 싶다는 부모는 많다. 하지만 정작 감정 표현을 듣기 전에 반사적으로 논리나 판단부터 꺼내 드는 경우가 많다.

"그런 건 별일도 아니야."
"울지 마, 괜찮아."

이런 말들은 어른 입장에서는 위로처럼 들리지만, 아이의 입장에서는 "내 감정은 틀렸어", "이런 감정을 느끼면 안 되는구나"라는 인식을 남기게 할 수 있다. 그래서 아이의 감정을 '존중'하고 '이해'해 주는 일은 유년기 감정 발달의 기초가 된다. 아이의 감정을 고쳐 주려 하기보다, 먼저 있는 그대로의 감정을 인정해 주고 합리적으로 감정을 이해시키는 것이 필요하다.

"속상했겠구나."
"무서웠겠다."

 이런 단순한 인정의 말은, 아이에게 감정을 표현해도 괜찮다는 신호와 감정적 안정감을 준다. 이런 감정적 안정감은 이후 사춘기나 청소년기의 갈등 상황에서도 부모와의 대화를 열 수 있는 통로가 된다. 반면, 어려서부터 감정을 누르거나 무시당한 아이는 사춘기에 감정을 '폭발'시킴으로써 표현하려 한다. 그건 표현이 아니라 외침이고, 구조 요청에 가까운 것이다.

 부모가 자신의 감정을 솔직히 합리적으로 전하는 것도 중요하다. "엄마가 요즘 지쳐서 예민했나 봐. 너한테 미안해." 이런 말은 아이가 감정을 표현해도 안전하다는 메시지이자, 관계 속 감정은 양방향임을 알려 주는 좋은 모델이 된다. 부모는 단순한 양육자가 아니라, 감정 기반 소통의 교육자. 그리고 그 교육은 말이 아닌 '관계 속 경험'으로 남는다.

- 친구 사이: 감정 표현은 거리를 가깝게도, 멀게도 한다

친구는 선택 가능한 관계다. 자발적이고 수평적인 특성을 가진다. 그래서 감정 표현의 밀도와 빈도가 관계 온도를 크게 좌우한다. 너무 자주 감정을 털어놓으면 '감정노동'을 유발할 수 있고, 아예 말하지 않으면 겉돌게 되는, 묘한 경계에 놓인 관계가 바로 친구다. 그래서 친구 사이에서는 '균형 잡힌 감정 소통'이 핵심이다. 나만 털어놓는 감정은 부담이 될 수 있고, 감정 표현을 전혀 하지 않으면 피상적인 사이가 되기 쉽다.

> "그날 네가 말 안 해도 곁에 있어 줘서 고마웠어. 사실 나 좀 힘들었거든."

이런 말은 감정을 일방적으로 쏟아내지 않으면서도, 연결감을 만든다. 또한, 친구의 감정에도 진심 어린 질문을 던지는 것이 필요하다. "요즘 너는 어때? 네 얘기도 듣고 싶어." 감정이 오가는 대화는 단순한 정보 교환이 아니라, 서로의 내면을 들여다보는 시간이 된다. 친구 관계의 감정 소통은 서로가 서로의 거울이 되어 주는 일이다. 적절한 표현과 적절한 수용, 그리고 침묵과 공감이 조화를 이루는 관계, 그건 단단한 우정의 또 다른 얼굴이다.

- 사회적 관계: 감정은 드러내되, 책임도 함께 전해야 한다

직장, 공동체, 사회적 모임 속에서의 감정 소통은 가장 섬세함을 요구하는 영역이다. 우리는 자주 "감정을 드러내면 미숙하다"는 인식을 배운다. 그래서 꾹꾹 누른다. 하지만 조직 안에서도, 공동체 속에서도 감정은 분명 존재한다. 그리고 그 감정을 어떻게 다루느냐에 따라, 분위기와 관계의 질이 달라진다.

"회의 때 제 의견이 반복적으로 무시되는 것 같아 속상했습니다. 더 나은 논의를 위해 어떻게 다뤄 볼 수 있을지 함께 이야기 나누고 싶습니다."

이 표현은 단순한 하소연이 아니다. 감정을 드러내되, 책임 있는 태도로 건설적인 방향을 제시하는 언어이다. 사회적 관계에서 감정 기반 소통이란 비난이 아니라 협력을 위한 감정 표현이고, 책임 회피가 아니라 관계 개선을 위한 문제 제기다. 감정을 제대로 표현할 줄 아는 사람은, 단순히 감성적인 사람이 아니다. 그는 관계를 가꾸는 사람이고, 조직의 신뢰를 끌어내는 리더다.

정리하면 관계마다 감정을 표현하는 방식은 달라진다. 하지만 모든 관계가 결국 바라는 것은 네 가지로 수렴된다. 진심, 위로, 인정, 연결감. 감정 기반 소통은 이 네 가지를 만들어 낸다. 기분만 왔다 갔다 하는 관계에서, 감정을 나누고 연결되는 관계로 전환하는 것, 그건 때로 관계 전체의 결을 바꾸는 일이고, 우리가 매일 살아가는 감정의 풍경을 새롭게 만드는 일이기도 하다. 관계를 오래 유지하는 힘은 말의 기술이 아니라, 감정의 진실함에 있다. 그 진실한 감정을 어떻게 말하느냐가 결국 우리 관계의 깊이를 결정짓는다.

9.
감정은 방향이고, 기분은 상태다

"감정은 방향이고, 기분은 상태다."

이 단순한 문장이 품고 있는 의미는, 우리가 매일 경험하는 수많은 관계의 질감과 삶의 밀도를 결정짓는 핵심적인 통찰일지도 모른다. 상담실에서 사람들은 종종 이렇게 말한다.

"그냥 기분이 안 좋아요."
"딱히 이유는 없는데, 그냥 다 싫고 다 귀찮아요."

그 말은 낯설지 않다. 아마 우리 모두 하루쯤은, 아니 일주일에 몇 번쯤은 그런 기분 속에 잠긴다. 그러나 기분이 안 좋다는 말의 안쪽에는, 아직 말로 꺼내지 못한 감정이 숨어 있다. 언어화되지 않은 감정은 기분이라는 막연함 속에 감춰진다.

기분이란, 말하자면 바다 위의 물결과 같다. 날씨에 따라 쉽게 일렁이고, 때로는 이유 없이 잔잔해지기도 하고 갑자기 거칠어지기도 한다. 반면 감정은 그 바다를 흐르는 해류와 같다. 겉으론 잘 보이지 않지만, 방향성을 가지고 있고, 그 흐름이 결국 물결의 패턴을 바꾼다.

그래서 기분이 안 좋은 날, 우리가 해야 할 일은 그 기분을 억지로 없애려 애쓰는 것이 아니라, 그 기분이 어디서 비롯되었는지를 감정의 언어로 탐색하는 것이다.

상담실에서 "기분이 안 좋아요."라고 말을 하면 그 말을 들은 나의 첫 번째 질문은 이것이다. "혹시, 그 기분 뒤에 어떤 감정이 숨어 있을까요?" 대부분 처음엔 멍한 눈빛으로 나를 바라본다. 그러다 조금씩 말을 꺼내기 시작한다.

"사실, 오늘 아침에 엄마랑 통화했는데 좀 서운했어요."
"직장에서 내 아이디어가 또 무시당했는데, 그냥 체념하게 됐어요."
"연락 한번 없는 친구가 원망스럽고, 그런 나 자신이 좀 초라해요."

기분이란 상태로만 존재하던 감정이, 그렇게 대상과 이유를 갖는 **'관계적 감정'**으로 자리 잡기 시작한다. 감정이란 결국 대상이 있는 반응이다. 그리고 그 대상은 나 자신일 수 있지만, 대부분 타인, 곧 우리가 맺고 살아가는 관계들이다. 그래서 감정을 인식하고 표현한다는 건,

단지 자기감정을 말하는 것을 넘어 관계의 흐름을 다시 조율하고 재구성하는 작업이 된다. 감정 표현은 이기적인 일이 아니다. 그것은 나의 마음을 드러내어 타인과 마주 앉는 용기이며, 내면의 나와도 더 깊이 만나는 과정이다.

　이 글을 통해 반복해서 강조한 것은, 감정은 고립된 개인의 심리 상태가 아니라는 점이다. 감정은 관계 안에서 발생하고, 관계를 통해 풀어야 하는 구조를 가진다. 이 점에서 역할관계성이론은 감정의 본질을 특성과 더불어 역할과 목적의 관계적 상호작용으로 설명한다.

　예를 들어 내가 느끼는 '서운함'은 단지 특성적 감정 자체가 아니라, 누군가와의 관계에서 기대했던 실제와 다른 반응에서 비롯된다. 그런 감정을 언어화하고 표현할 수 있을 때, 상대도 나의 상황을 이해할 수 있는 가능성이 열린다.

　감정은 그 자체로 모든 것을 끝내는 게 아니다. 인식과 느낌, 기분을 연결하며 슬픔은 위로를, 외로움은 연결을, 분노는 인정이나 회복을 향해 나아가게 한다. 감정은 방향성을 품고 있는 독창적인 메시지다. 반면 기분은 그저 그 순간의 상태이다. 그래서 기분은 그냥 지나갈 수도 있지만, 감정은 맥락을 잇게 한다. 말하지 않고 묻어 두면, 감정 속에 부정의 무게만 쌓여 가게 된다. 그리고 그 무게는 결국 관계를 누르고, 삶의 중심을 흔들게 만든다.

감정을 알면, 잠재된 나를 발견하게 된다. 이쯤에서 한 가지 생각을 더 덧붙이고 싶다. 우리는 왜 감정을 표현하는 걸 그렇게 어려워할까? 왜 기분은 쉽게 말하면서도, 감정에는 말문이 막히는 걸까? 그건 아마 감정을 표현하는 일이 곧 자신의 취약함을 드러내는 일이고, 감정에는 나의 숨겨진 진짜 얼굴이 있기 때문일 것이다. 그러나 그 진짜 얼굴을 마주하지 않으면, 우리는 계속 기분이라는 흐릿한 안개 속에서 길을 잃게 된다. 그래서 감정은 나를 알고, 타인과 연결되게 만드는 정직한 언어이다. 감정을 말한다는 건 내 안의 방향을 인식하고, 그 방향으로 살아가겠다는 선언이기도 하다.

"이제, 시작해도 좋다."

이 글의 마지막에 나는 조심스럽게 한 가지 질문을 던지고 싶다.

당신은 오늘, 당신의 감정을 스스로 인식해 보고, 누군가에게 표현해 본 적이 있는가? 그렇지 않았다면 지금, 이 순간부터 시작해도 늦지 않다. 기분이라는 안개 속에 머무르기보다, 감정이라는 나침반을 손에 쥐고, 삶의 방향을 다시 잡아 보자. 그 방향은 거창하지 않아도 된다.

"오늘, 나는 혼자라 외로웠어."
"아침에 거절당한 게 아직도 마음에 남아."
"사실 나, 누군가와 진짜 이야기를 나누고 싶었어."

이 한 문장들이 관계를 살리고, 마음을 정리하고, 삶의 중심을 다시 세운다. 그렇게 감정을 표현하는 순간, 우리는 나 자신과 연결되고, 타인과도 진실한 관계를 맺게 된다. 그 길의 끝에서 우리는 조금 더 안전하고, 덜 외로운 '나'를 만나게 될 것이다.

3장

짜증

1.
알 수 없는 짜증

"아, 또 짜증 난다."

우리가 하루에도 몇 번씩 속으로, 혹은 무심코 입 밖으로 내뱉는 말이다. 딱히 큰일이 벌어진 것도 아니고, 누가 심하게 잘못한 것도 아닌데, 이상하게 마음이 불편하고, 말끝마다 예민하게 반응하게 한다. 뭐 하나만 어긋나도 도무지 참을 수 없을 만큼 답답해진다.

그럴 땐 대부분 이렇게 생각한다. "내가 예민한 건가?", "오늘따라 기분이 왜 이래?", "그냥 피곤해서 그런가 보다." 그렇게 넘기면서 애써 짜증 난 기분을 무시하거나, 그냥 참고 넘기려고 한다. 하지만 이상하게도 짜증은 쉽게 사라지지 않는다. 말없이 넘겼던 그 기분은 어느새 또 다른 상황에서 튀어나와 다른 사람에게 향한다. 그러고 나면 자책감까지 든다. "내가 왜 그렇게 예민하게 굴었지?", "좋은 분위기 망쳤네." 그런데, 이런 짜증을 단순히 기분만 탓해야 할까?

"아니! 그렇지 않다."

오히려 그 짜증은 우리의 불편해진 정서를 알리는 신호로 보아야 한다. 기분은 그저 우연히 생겨나지 않는다. 감정과 논리가 서로 따로 움직일 때 생겨나는 사연이 있다. 예를 들어, 누군가가 내게 조언을 했다고 하자. 말만 듣고 보면 논리적으로는 아무런 문제가 없는 것 같다. 그런데 이상하게 기분이 좋지 않다. 왜 불편함이 가시지 않고 지속될까? 물론 말투 때문일 수 있다. 그리고 표정 때문일 수도 있다. 그러나 내 안에 이해하지 않으려고 전의식에 감춰진 무언가가 자극받았다면 이 자극은 짜증의 기준이 될 수 있고, 그것이 논리적으로는 '맞는 말'인데 알 수 없는 짜증이 유발된다면 그것은 이유가 될 수 있다. 그래서 짜증은 어긋남이 본질적 이유이다.

우리는 흔히 짜증을 단순한 기분의 기복이나 개인 성향으로 치부해 버리곤 한다. 하지만 짜증은 단순한 기분이 아니다. '내 안에 감춰진 해석의 틀을 보호하기 위한 수단'의 반응이다. 그래서 짜증은, 관계 안에서 이해되지 못하고 무언가 억눌린 느낌, 내 감정이 제대로 다뤄지지 않았다는 느낌, 그리고 내가 존중받지 못했다는 느낌에 대한 불편한 정서의 신호라고 할 수 있다.

역할관계성이론에서는 우리의 관계적 내면 구조에 좌우 에너지가 있다고 말한다. 우측에는 감정의 에너지가 흐르고, 좌측에는 논리의 에너지가 흐른다. 이 두 에너지는 우리의 감정과 논리의 구조를 역동하게 만든다. 그리고 그 역동은 역할과 만나면 관계 에너지로 바뀌게 된다. 관계 에너지는 각각 좌우로 나뉘어 신체, 정신, 마음 영역을 오가며 목적을 이루기 위해서 관계의 일을 한다. 관계에 시작은 서로 다른 두 특성이 분리됨으로 시작된다. 이 두 특성은 서로 다름으로 대칭된 모습이기에 관계적 속성을 가진 역할의 옷을 입고 목적을 공동으로 일치하기 위한 관계 여정을 거친다. 그래서 짜증은 관계의 구조가 무시되거나 억눌릴 때 혼란한 감정에 의해 발생된다.

예를 들어, 어떤 문제가 생겼을 때 논리가 "그냥 이렇게 하면 돼"라고 말하며 관계적 타협의 과정을 무시하면, 감정은 말한다. "그게 맞는 말인 건 알겠는데, 지금 내 감정은 아직 준비가 안 됐어"라고. 이렇게 둘이 관계적이지 못하고 엇갈리는 순간, 우리의 기분은 불편을 넘어 짜증이라는 형태로 드러나게 되는 것이다.

그래서 짜증은, 단지 사소한 기분 변화가 아니라, 감정과 논리가 관계 속에서 어긋났을 때 혼란을 겪는 기분이 자기 의지와 관계없이 바로 태도나 행동으로 나타나게 되는 것이다. 그러므로 일상에서 나타나는 짜증을 무시하거나 참기보다는, 오히려 귀 기울여 신호로 받아들이는 것이 필요하다. 이 신호가 보내는 메시지를 들을 수 있느냐 없느냐에 따라, 우리의 짜증은 관계 속에서 더 자주, 더 길게 이어질 수도 있고, 깊은 이해로 관계적 회복의 길로 가게 할 수도 있다.

그러니 이 짜증은 단순히 억누르거나 참아서 해결하려 하기보다는, '왜 짜증이 났지?', '내 마음 안에서 뭐가 지금 어긋났는지' 들여다보는 것이 중요하다. 그래서 짜증을 제대로 이해하려는 관계적 노력은 결국 나를 더 잘 이해하고, 상대와 더 건강하게 소통할 수 있는 중요한 연습 과정이라고 할 수 있다. 이렇듯 자신과의 관계, 타인과의 관계 속에서 짜증이라는 감정을 성숙하게 다룰 수 있을 때, 우리는 좀 더 편안한 마음으로 하루를 살아갈 수 있게 된다.

2.
논리는 맞는데, 감정은 불편해

"가끔 이런 경험 해 보신 적 있나요?"

누군가 내게 조용히 다가와서, "그 문제는 네가 조금 더 생각해 보면 이해할 수 있을 거야"라고 말할 때. 그 말 자체는 딱히 틀리지 않아 보이고, 공손해 보이기도 하고, 나름 배려해서 말해 준 것 같은데 왠지 모르게 기분은 찝찝하고 마음은 답답해지고, 말끝이 씁쓸하게 남을 때가 있다.

"내가 지금 뭘 잘못한 거지?"

이런 생각들이 머릿속에서 휙휙 지나갈 때 도저히 알 수 없는 기분이 그 뒤를 따라 짜증이 되어 들어온다. 그런데 참 이상할 일이다. 논리적으로는 아무런 문제가 없는데, 짜증이 들어온다는 것이…. 가만히 그 이유를 생각해 보면, 짜증은 '틀렸다'라는 논리에서 오는 것이 아니기 때문이다. 다시 말해 말의 옳고 그름이 짜증의 본질적인 이유가 아니라, 그 말이 전달되는 방식, 상황, 그리고 알 수 없이 숨겨진 나의 마음의 수용 상태가 원인이라는 것이다.

역할관계성이론의 관계 구조를 보면, 짜증을 유발하는 부정적 감정의식은 우리의 무의식에 잠식되어 있으며, 부정적인 감정은 전의식에 내재되어 있다고 말한다. 또 부정적 감정의식은 무의식에서 자기의식에 노출된 상태이고, 부정적 감정은 전의식에서 정서에 노출된 상태라고 말한다. 그래서 정신영역의 역할인 인식과 지각, 마음영역의 느낌과 생각이 서로 어긋나 충돌하는 것은, 우리의 정신과 정서에 혼란을 초래하는 것이다. 이때 뒤엉켜진 충돌을 방지하기 위해서 관계성향인 역할과 만나야 한다고 말한다.

논리적인 사람과 감정적인 사람의 차이는 무엇을 주도적으로 사용하느냐에 따라 달라진다. 논리적인 사람은 논리를 주도적으로 사용하고, 감정적인 사람은 감정을 주도적으로 사용한다.

논리를 주도적으로 사용하는 사람은 "내 말이 맞잖아. 왜 짜증을 내?", "그냥 네가 감정적으로 예민한 거야." 이렇게 감정을 무시하거나 평가하는 방식으로 감정을 자극한다. 그래서 상대가 그냥 감정만 따라가서 "그냥 기분이 나빠!"라고 말하면, 상대는 또 이렇게 반응한다. "그래서 내가 뭘 어쨌다는 건데?", "내가 잘못한 것은 아니잖아! 네 기분이 문제지!" 이렇게 도덕적으로 문제가 있는 사람이라는 느낌까지 들게 하면 짜증은 더욱 증폭되고 만다.

이쯤 되면 서로의 감정은 팽팽하게 부딪치고, 논리는 고립되고, 대화는 막혀 버린다. 그리고 감정적인 사람은 '이해하지 않으려는 사람'으로, 논리적인 사람은 '공감하지 않으려는 사람'으로 서로 낙인을 찍는다. 결국은 작은 짜증 하나가 큰 오해와 갈등으로 번지는 구조가 되고 만다.

그래서 감정과 논리를 둘 중 하나로만 인정하는 것은 좋지 못하다. 중요한 것은 지금, 이 둘이 어떻게 엇갈리고 있는지를 인식하는 것이다. 예를 들어, '그냥 기분이 나빠'라고 말하기보다 이렇게 말할 수 있다. "네 말이 틀린 건 아닌데, 지금 내 마음이 그걸 받아들일 여유가 없나 봐", "그 말은 맞는데, 그 말투에서 좀 압박감을 느꼈어."

이건 단순히 감정만 토로하는 게 아니라, 감정과 논리가 어떻게 다르게 반응하고 있는지를 관계적 언어로 표현한 것이다. 이렇게 표현하면 상대는 나를 감정적인 사람이나 틀린 사람으로 몰지 않게 되고, 오히려 "아, 그럴 수도 있겠구나"라며 듣게 된다.

이것은 혼자서도 충분히 연습할 수 있다. 짜증이 올라왔을 때, 스스로에게 이렇게 물어보자. "지금 이 말이 틀려서가 아니라 말투나 태도에서 상처받은 건 아닐까?", "나는 논리적으로는 말했지만, 감정적으로는 받아들이기 힘들었던 건 아닐까?" 이렇게 질문을 바꾸는 것만으로도 내 마음은 조금 더 평온해지고, 상대와의 대화도 다시 열릴 가능성이 생기게 된다. 그래서 짜증은 나쁜 감정만이 아니다. 단지 감정과 논리가 특성에만 머물러 역할의 목적에 어긋나 있다는 걸 알려 주는 알람과 같은 감정이다. 우리가 그 알람 소리에 조금 더 귀 기울일 수 있다면, 그 짜증은 싸움의 불씨가 아니라, 관계를 조율하는 기회가 될 수 있다.

3.
감정을 억눌러야 좋은 사람일까?

"그래도 참아야지. 내가 어른인데."
"괜히 기분 나쁜 티 내 봤자 더 어색해질 텐데."
"화를 내면 내가 나쁜 사람이 되는 것 같아."

 우리는 종종, 아니 사실은 자주 감정을 '표현하는 것'보다 '눌러 두는 것'을 선택하기도 한다. 그게 더 성숙하고, 더 좋은 사람 같아 보여서이다. 그래서 짜증이 올라와도 애써 웃고, 속이 상해도 '괜찮아'라고 말한다. 그 순간은 관계가 원만하게 넘어가는 것처럼 보인다. 하지만 정말 그럴까?

 사실 그렇게 눌러 둔 감정은 사라지지 않는다. 조용한 듯 보이지만 어쩌면 속에서는 부글부글 끓고 있을지도 모른다. '좋은 사람'처럼 보이기 위해 감정을 참을수록, 그 감정은 나중에 더 크고 무거운 형태로 돌아오게 된다. 그래서 말 한마디에 폭발하거나, 이유 없이 무기력해지기도 한다. 겉으론 아무렇지 않은데, 마음은 이미 지쳐 있고, 관계는 어느 순간부터 피곤해지기 시작한다.

그런데 여기서 짜증이라는 감정을 흥미로운 역할로 바꿔 보고자 한다. 바로 감정을 폭발하기 전에 내 마음이 보내는 첫 번째 경고음으로 받아들이는 것이다. '지금, 이 상황 내 마음에 무리가 오고 있어요'라고 말해 주는 내면의 스피커와 같이 말이다. 그런데 많은 사람이 이 짜증을 '나쁜 감정'이라고만 여긴다. 짜증을 표현하면 감정적으로 예민하고, 공감 능력이 없다는 소리를 듣기 때문이다. 그러다 보니 '감정을 잘 숨기는 사람', '언제나 쿨한 사람'이 좋은 사람처럼 여겨진다.

하지만 역할관계성이론에서 보면, 이건 오히려 자기 내면과의 관계 불일치, 즉 혼란의 상태를 키우는 일이라고 말한다. 신체영역의 '기분'이라는 감정은 나의 태도를 조절하는 기능이다. 그런데 태도가 상황에 맞도록 반응하기 위해서는 기분은 역할로서 의지와 관계적 타협을 해야 하는 조건이 있다. 따라서 기분을 무시하거나 억누르면, 태도는 일시적으로는 안정돼 보여도, 내 신체와 마음은 계속 부조화를 겪게 된다. 이런 부조화가 쌓이면 결국 신체적인 피로나 질병, 마음의 병으로까지 이어질 수 있다.

그러므로 관계를 위한 진짜 감정 표현은 역할 관계를 통해 이해받고 공감받으려는 질문이 되어야 한다. 감정노동자나 평화로운 관계 해결사와 같은 사람의 경우, 대부분 감정을 눌러서 평화를 유지하려고 한다. 언뜻 보면 그들의 말이나 표현은 평화로워 보인다. 하지만, 사실은 깊은 외로움이 전제되어 있다. 이러한 외로움은 같이 있을 때도 '왜 나는 늘 혼자 같을까?'라는 생각으로 이어지게 한다.

그러니 감정을 관계적으로 표현하는 건, 꼭 상대를 비난하려는 게 아니라 너와 나 사이를 진짜로 잇기 위한 용기 있는 표현이라는 사실이다. 물론 모든 감정을 그대로 다 쏟아낼 수는 없다. 하지만 적어도 스스로의 감정을 인식할 기회는 생긴다. "지금 짜증이 올라오고 있네", "내가 기분이 상한 이유는, 단지 말 때문이 아니라 말하는 방식 때문이야." 이렇게 내 감정을 알아차리고, 다정하게 말로 풀어낼 수 있다면, 그건 분명 성숙한 태도라는 것이다.

예를 들어 친구가 내 말을 끊고 자기 말만 했을 때, 이렇게 말할 수 있다. "네가 말하고 싶은 게 많은 거 알아. 근데 나도 방금 이야기하면서 좀 중요한 부분을 얘기하려던 참이었거든. 그런데 너만 계속 얘기하니 좀 아쉽고, 솔직히 짜증도 조금 났어." 이 말은 상대를 공격하지 않으면서도 내 감정을 표현하는 방법이다. 이런 식의 표현은 오히려 관계를 깊게 만들기도 한다.

결국 '좋은 관계를 하는 사람'이라는 건 감정을 없애는 사람이 아니라, 감정을 인식하고, 그것을 관계 속에서 책임 있게 논리적으로 표현할 수 있는 사람인 것이다. 그래서 짜증을 어떻게 다루느냐가 우리를 더 좋은 사람으로 만들어 준다는 것을 기억하는 것이 필요하다.

4.
짜증에 숨어 있는 진짜 감정

"그냥 짜증 나."

이 말을 입에 달고 사는 사람이 있다. 사소한 일에도 쉽게 얼굴이 찌푸려지고, 목소리에 날이 서고, 몸도 뻣뻣해진다. 그럴 때면 주변 사람들은 이렇게 말하곤 한다. "왜 이렇게 늘 예민해져 있어?", "그 정도로 짜증을 낼 일은 아니잖아?" 하지만 짜증은 단순한 '예민함'의 표현이 아닐 수도 있다. 그 속엔 종종 자신도 모르는 감정들이 숨어 있기 때문이다.

예를 들어 보면, 회사에서 상사가 회의 중에 내 아이디어의 깊이를 이해하려 하지 않고 무시하듯 넘어갔을 때, 그 순간 나는 짜증이 난다. 하지만 조금만 더 깊이 들여다보면 그 짜증 아래에는 과거 비슷한 경험에서 생긴 서운함, 실망감, 외면당한 느낌 등이 있다는 사실을 알게 될 것이다. 심지어는 존중받고 싶다는 갈망이 자리 잡고 있을 수도 있다.

그래서 우리는 짜증을 표면 감정이라고 부르기도 한다. 그 이유는 짜증은 마치 경보음처럼 내면 깊숙한 감정의 상태를 표면적으로 알려 주는 역할을 하기 때문이다. 짜증이 올라온다는 건, 마음속 어딘가에 불쾌하고 답답한 감정들이 자극을 받았다는 것을 의미한다. 그래서 '지금 뭔가 불편하다', '이대로는 안 되겠다'라는 정리되지 않은 혼란스러운 감정이 신호로 울리고 있다는 뜻이기도 하다. 그 불편함은 내 안에 내재한 공포일 수도 있고, 슬픔일 수도 있고, 수치심과 죄책감일 수도 있다.

이러한 짜증의 발생 원인을 역할관계성이론의 관점으로 보자면, 결국 태도나 행동으로 나타나는 숨겨진 감정의 표현 상태인 것이다. 이 짜증의 원인은 '기분'과 '의지'가 관계될 수 없는 조건이기 때문에 발생하는 것이다.

예를 들어 '나는 존중받아야 해'라는 내면의 신념은 정서에 숨겨 놓은 서운함, 실망감, 외면당한 느낌, 열등감에 의해 생기는데, 현실에서 그 신념이 무시당하는 상황에 부딪히면 기분은 상하게 된다. 이를 방지하기 위해 인식은 정서의 숨겨진 상태를 느낌을 통해, 지각된 생각과 관계적 타협이 선행되어야 한다. 그러므로 짜증은 단순히 그 상황 자체에 대한 반응과 더불어 정서 안에 있는 상한 상처가 가진 기대감의 신호일 수 있다는 것이다.

또 다른 예로, 연인이 약속 시각에 자꾸 늦는다고 해 보자. "대체 왜 또 늦는 거야. 진짜 짜증 나." 이 말 뒤에 숨어 있는 감정은 뭘까? 사실은 '이전에 늦었던 기억들이 소환되어 기다리는 동안에 내가 중요하지 않게 느껴져 짜증'은 더 강화되어 나타나게 된다. 그래서 '나에 대한 배려가 없다고 느껴진 짜증'은 나의 내면의 외로움과 서운함으로부터 시작된 것일 수 있다. 하지만 우리는 그 감정을 그대로 말하기는 어렵다. 왜냐하면, 그런 감정은 약해 보이거나, 구차하게 느껴질 수 있기 때문이다. 그래서 우리는 더 쉽고 익숙한 감정인 '짜증'으로 표현하게 된다.

짜증은 감정의 갑옷과도 같다. 우리의 숨겨진 감정은 너무도 부드럽고 여리기에 드러내기엔 너무도 두렵다. 그래서 짜증이라는 단단한 껍질로 덮어서 밖으로 내보내는 것이다. 그러나 껍질을 입은 감정은 강해 보이지만, 사실 그 안은 무방비 상태이다. 그래서 짜증을 많이 내는 사람일수록 속마음은 상처를 더 잘 받는다.

짜증이 올라올 때, 아무도 모르게 한 번쯤 자신에게 이렇게 물어보면 좋겠다. "지금, 이 짜증 뒤에는 어떤 감정이 숨겨져 있을까?", "나는 지금 무엇이 부족하다고 느꼈을까?", "어떤 내 기대가 어긋났고, 어떤 바람이 채워지지 않았을까?"라고…. 이런 질문은 나의 감정을 더 깊이 이해하고, 상대방에게도 감정을 더 정확하게 전달하는 데 도움이 된다. 짜증이라는 껍질을 벗고, 그 속에 있는 '진짜 감정'을 보여 주는 연습을 할수록 관계는 훨씬 더 정직하고, 따뜻해지고, 가까워지기 시작한다.

그래서 짜증은 나쁜 감정이 아니다. 단지 내 마음이 '지금 뭔가 안 맞고 있어요'라고 말하는 방식인 것이다. 중요한 건 그 감정이 말하려는 진짜 메시지를 알아듣는 마음의 귀가 필요하다. 그 메시지를 잘 들을 수 있다면, 짜증은 단순한 불쾌함이 아니라, 관계와 내면을 돌아보게 해주는 작은 길잡이가 될 수 있다.

5.
짜증을 어떻게 다뤄야 할까?

"짜증 나면 참아야지 뭐 어쩌겠어."
"아니야, 쌓아 두지 말고 그때그때 표현해야 해."

이 두 조언은 우리가 흔히 상대에게 듣는 조언이다. 그냥 꾹 참고 넘어가거나, 아니면 바로 쏟아내 버리거나. 그런데 참는 것도 터뜨리는 것도 결국은 내 마음과 제대로 소통하지 못한 방식이다. 참으면 마음에 고이고, 터뜨리면 관계가 다친다. 결국, 둘 다 나를 지키기엔 부족한 방법이다.

그럼 어떻게 해야 할까?
우선, 짜증을 감정 그 자체로 인정하는 것부터 시작해야 한다. "아, 나 지금 짜증 났구나." 이걸 마음속으로 말해 주는 순간, 이미 짜증은 절반쯤 가라앉기 시작한다. 왜냐하면, 감정은 억눌릴수록 커지고, 인정받을수록 가벼워지기 때문이다. 또 감정도 하나의 생명체처럼, 알아

봐 주는 것을 필요로 하기 때문이다. 그리고 그다음은, 짜증의 배경을 조용히 들여다보는 것이 필요하다. 짜증의 배경을 들여다보는 것은 역할관계성이론 구조를 떠올려 보면 훨씬 쉬워진다.

먼저 짜증은 신체영역의 '기분'에 얹혀서 발생한다. 그래서 기분은 '의지'와 타협하는 관계가 필요하다는 것이다. 기분은 논리 쪽의 역할인 '지각'과 '생각'에 의해 조율된 의지와 타협을 해야 한다. 그렇지 않으면, 기분은 혼자 방황하게 된다. 그럼 우리 안에서 감정 경보기인 짜증이 울리게 된다. "지금 뭔가 맞지 않아. 불편해."라고 하며. 이때 중요한 건 그 경보음이 '나쁜 것'이 아니라는 사실이다.

그래서 이러한 신호인 짜증을 인식하고 느꼈다고 하자. 그렇다면 우리의 생각은 짜증에게 이렇게 물어볼 수 있어야 한다.

지금 내 안의 어떤 기대가 무너졌을까? 내가 바랐던 태도나 말투는 어떤 것이었을까? 나는 지금 어떤 식으로 존중받고 싶었던 걸까? 이런 질문은, 짜증을 단순한 폭발물이 아니라 메시지를 가진 관계 매개체로 바꿔 준다. 그리고 이 질문을 스스로에게 던질 수 있다는 자체가 이미 '짜증을 다룰 줄 아는 사람'이라는 증거이기도 하다.

그렇다고 해서 모든 짜증을 점잖게 분석하고 넘어가야 한다는 뜻은 아니다. 때로는 진짜 짜증을 있는 그대로 솔직하게 표현할 필요도 있다. 다만, 그 표현이 공격성을 띠지 않도록 하는 것이 중요하다.

예를 들면 "지금 말투가 좀 딱딱하게 느껴져서 마음이 불편했어요.", "이 얘기를 들으니까 나도 모르게 짜증이 올라왔어요. 아마 내 기대가 어긋나서 그런 것 같아요.", "내가 뭘 잘못했는지 생각할 여유가 아직 없는데 바로 지적을 받으니까 좀 힘드네요." 이런 식으로 말하면, 짜증은 감정의 무기로 쓰이지 않고, 관계를 조율하는 매개체로 바뀌게 된다. 그렇다면 이것은 감정 표현이 아니라, 감정 소통이 되며 나의 감정을 지키면서, 동시에 상대에게도 내 속마음을 보여 주는 것이 된다.

결국, 짜증을 다룬다는 것은 내 안에서 일어나는 '어긋남'을 알아차리는 것이다. 그리고 그걸 통해 내가 진짜 원하는 게 무엇인지를 인식하는 과정이 되어야 한다. 그러니 어긋남을 억누르지도 않고, 무작정 터뜨리지도 않으면서, 부드럽게 들여다보고 말할 수 있을 때, 비로소 우리는 짜증을 건강하게 '사용'할 수 있게 된다.

우리가 기억해야 할 것이 있다. 그것은 감정이란 억눌러야 할 적이 아니라, 이해해야 할 친구라는 사실이다. 그리고 그 친구가 들어오고 나가는 작은 불편함 속에는 내가 누구인지, 내가 무엇을 원하는지, 내가 어떤 관계를 원하는지가 고스란히 담겨 있다는 것을 기억하는 것이 필요하다. 그것을 읽어내는 것이 바로 현실의 알아차림을 초월한 숨겨진 이면심리를 알아차리는 메타인지 기능인 것이다.

6.
짜증이 관계에 남기는 흔적

"그때는 별일 아니었는데, 자꾸 생각나."
"그 말투가 아직도 머릿속에서 떠나질 않아."

이런 경험, 우리에게 한 번쯤 있을 것이다. 알 수 없는 짜증이 밀려오는 이유이다. 그때는 살짝 불편했지만, 그냥 넘어갈 수 있을 것 같았는데, 시간이 지나도 자꾸 떠오르고, 이상하게 감정에 찌꺼기가 쌓이는 느낌이다. 이 느낌은 짜증이 관계 속에 감정의 흔적을 남겼다는 의미다.

짜증은 순간적으로 지나가는 감정과 같아 보인다. 그러나 짜증은 우리 안의 기억과 연결된 감정의 찌꺼기들이 그 원인이다. "관계 안에서 내가 어떻게 다뤄졌는가?"가 몸과 마음, 그리고 의식의 저편에 기억으로 쌓인다. 당시 논쟁에서 벌어진 논리적인 이유는 '아무 일도 아니었어.'라고 긍정적으로 설명할 수 있는데, 몸은 여전히 불편함을 기억하고, 마음은 미세한 서운함을 저장해 두고, 양심도 편하지 않다. 그렇게 불편함이 쌓이면 어느 순간, 관계는 부쩍 멀어지게 된다.

　예를 들어 보자. 어떤 친구가 늘 논리적으로는 맞는 말을 한다. 하지만 매번 말투가 차갑고, 나의 감정 상태는 전혀 고려하지 않는다. 그럴 땐 짜증이 나도 '맞는 말이니까' 하고 억지로 넘기게 된다. 그런데 나도 모르게 그 친구와 대화하는 걸 피하게 된다. 대화를 나누면 또 다른 짜증들이 나올 것 같아, 무의식적으로 경계를 하는 것이다. 그렇게 짜증은 관계를 조용히 삭막하게 만들어 버린다. 순간순간의 짜증들은 '갈등'이라고 부르기엔 너무도 미묘해서 말도 꺼내기 어렵다. 그렇다고 아무 문제가 아닌 것처럼 넘기기엔 마음을 너무 지쳐 가게 한다.

　이럴 때 필요한 것이 먼저 짜증이 나오는 내 안의 흔적을 인식하는 일이다. "아, 내가 그 말 때문에 아직까지 서운하구나.", "그 상황이 아직도 마음을 불편하게 만들고 있었네." 이렇게 인정하는 것만으로도, 짜증의 잔향은 줄어들기 시작한다.

　그러고 나면 관계 속에서 아주 조심스럽게 그 감정을 '공격 없이' 표현할 수 있게 된다. "그때 네 말이 틀린 건 아닌데, 그 말투에서 내가 좀 무시당한 느낌을 받아서 계속 마음이 불편했어.", "그 얘기 들었을 때 내가 어떤 감정 상태였는지를 말하지 못해서 내가 나에게 좀 서운했던 것 같아." 이런 식의 표현은 단순한 감정 배출이 아니라, 관계의 정돈이다. 감정이라는 책상 위에 흩어진 서류들을 하나하나 정리하는 그런

정돈과 같은….

물론, 모든 관계가 이런 대화를 허락하지는 않는다. 상대가 받아들일 준비가 되어 있지 않다면, 나 혼자서 정리해야 할 때도 있다. 그럴 땐, 내 마음속에 남은 짜증의 조각을 의식적으로 정리해 주는 작업이 필요하다. 일기처럼 써 보거나, 나 혼자서라도 말을 꺼내 보는 것이다. "그때의 나는 이렇게 느꼈구나.", "그 상황에서 나는 이런 반응을 했고, 지금은 이렇게 이해할 수 있어."

이 작업은 나를 객관화하고, 동시에 나를 존중하는 행위이다. 짜증을 참고 넘기거나, 터뜨리고 후회하는 것을 넘어서 그 감정이 남긴 흔적을 돌보는 건 나와의 관계를 회복하는 일이기도 하기 때문이다.

그래서 짜증은 결국, 감정의 흔적이며 표상이다. 그 이유는 감정의 흔적에는 관계의 기억이 담겨 있기 때문이다. 우리의 불편한 감정은 무시하고 덮는다고 사라지지 않고, 감정의 장부 어딘가에 반드시 기록된다는 사실을 기억해야 한다. 그 기록을 정리할 줄 아는 사람은 그 기록을 좋은 기억으로 만드는 사람이다. 이런 사람은 감정에 휘둘리지 않을 뿐 아니라, 자신의 관계도 스스로 돌볼 수 있는 사람이 될 수 있다.

7.
짜증을 이해한다는 것

    짜증을 이해한다는 건, 단지 '짜증을 안 내는 사람이 되자'라는 의미가 아니다. 오히려 그 반대에 가깝다. 짜증을 내지 않기 위해 참거나 무시하는 건, 결국 나 자신을 놓치게 되는 길이기 때문이다. 그래서 진짜 중요한 건, 짜증이 왜 나에게 찾아왔는지를 이해하는 것이다. 그건 곧, 내 마음이 어떤 신호를 보내고 있는지를 알아차리는 일이고, 내가 어떤 방식으로 감정과 논리 사이에서 어긋나고 있는지를 들여다보는 일이기 때문이다.

    "나는 왜 이 말에 짜증이 날까?"
    "논리는 맞는데, 왜 감정이 불편하지?"

    이 질문을 던져 볼 수 있다면, 그 짜증은 더 이상 나를 괴롭히는 감정이 아니다. 오히려 나를 이해하고, 관계를 성숙시킬 수 있는 정교한 내면의 나침반이 된다. 그래서 관계는 논리만으로 유지되는 것이 아니다. 감정이 함께 호흡하지 않으면, 아무리 옳은 말도 상처가 되고, 아무리 사랑하는 사이도 점점 멀어질 수밖에 없다. 그런 점에서 짜증은, 아주 섬세하게 우리 관계를 점검해 주는 감정 표현인 것이다. 그 섬세함을 무시하지 않고, 오히려 존중하는 태도는 관계를 더 깊이 있게 만들어 줄 수 있다.

그러니 짜증을 이해한다는 것은 타인에게도 더 따뜻한 시선을 보낼 수 있다는 의미이기도 하고, 상대의 짜증이 무조건적인 공격이 아니라, 그 사람도 어딘가에서 감정과 논리의 틈에서 흔들리고 있다는 신호라는 의미이기도 하다. 이 의미를 안다면 우리는 짜증을 방어하기보다는 이해하려는 마음의 공간을 만들 수 있게 된다.

예를 들어, 누군가가 날카롭게 반응할 때, "왜 저렇게 예민하게 굴지?"라고 말하는 대신, "그 말이 그 사람한테 어떤 식으로 들렸을까?" 하고 상상해 보는 것이다. 그 상상 하나하나가, 갈등을 막고 관계를 살리는 큰 차이를 만들어 낸다.

또 우리가 알아야 할 사실이 있다. 짜증이란 우리 모두에게 있는 부정적 감정이 낳은 표상이라는 사실이다. 어느 사람도 이 부정적 감정에서 완전히 벗어날 수는 없다. 누구나 겪고 달래며 함께 살아가야 할 감정이다. 그렇다면 우리는 짜증을 적으로 삼기보단, 내 마음을 더 잘 들여다보게 해주는 친구로 삼아야 하지 않을까?

혼자서 "왜 이렇게 짜증 나지?" 하고 중얼거릴 때 그 순간을 그냥 넘기지 말고, 잠시 멈춰서 내 안의 작은 균열을 살펴보는 연습을 해 보자. 그 작은 성찰이 쌓이면, 우리는 점점 더 단단하고 따뜻한 사람이 되어 갈 것이다. 감정에 휘둘리지 않되, 감정을 무시하지 않고, 논리로 상대를 설득하기보단, 관계로 설득을 만들어 가는 사람이 될 수 있을 것이다.

그렇게 짜증을 이해하게 되는 길은, 결국 나를 이해하는 길이고, 타인을 품는 길이며, 더 깊고 건강한 관계를 만들어 가는 여정의 길이다. 그러니 다음에 짜증이 올라올 땐, 조금만 다정하게 그 감정에게 말을 걸어 보자. "어디서부터 불편했는지, 네가 내게 알려 주려는 거니?" 그렇다면 짜증은, 더 이상 나를 망치는 감정이 아니라, 나를 살피고 돌보게 하는 신호가 될 수 있을 것이다.

4장

일상 속 정의

1.
일상의 정의는 가까운 곳에 있다

"정의는 어디에 있나요?"

우리는 흔히 이 질문을 뉴스 속 정치인이나 사회적 갈등 앞에서 던진다. 그러나 정작 정의는 가장 가까운 곳에서 매일같이 우리를 시험하고 있다. 부부 사이에서, 부모와 자녀 사이에서, 친구 사이에서, 그리고 우리가 속한 사회의 곳곳에서.

"사람과의 관계가 너무 힘들어요."

일상에서 정의는 추상적인 개념이 아니다. 그것은 우리의 인지와 정서가 제공하는 삶의 관계방식 안에서 태도와 행동의 결과로 드러나는 개념이다. 역할관계성이론에 따르면, 우리의 내부 정의는, 먼저 같은 목적 안에 있는 서로 다른 특성이 명확히 분리되는 것으로부터 시작이고, 목적 안에서 분리된 두 특성이 그 목적으로부터 부여받은 역할에 의해 관계됨으로, 서로 다름을 일치하는 과정 안에 있다. 이처럼 우리의 일상의 정의도, 서로 다름의 존재들이 서로의 다름을 인정하는 분리 구조와 공동의 목적을 부여받은 역할의 관계 구조 안에 있다.

그래서 이 글은 특별한 사람들의 이야기가 아니다. 일반적인 사람들의 촘촘한 이야기다. 바로 우리가 매일 살아가는 일상의 이야기인 것이다. 서로를 사랑하지만 어긋나는 부부, 걱정과 간섭 사이에서 길을 잃는 부모와 자녀, 진심과 판단 사이에서 혼란스러운 친구, 그리고 분쟁과 법 사이에서 고민하는 사회 속에서 우리는 관계가 너무 힘들고, 심지어는 두려움이 있는 일상의 이야기이다. 이제, 그 이야기들을 하나씩 들여다보기 위해 질문을 하나하나 하며 이어가 보겠다.

"근데 이게 **'우리'** 가운데 정의로운 것일까?"

이 질문을 스스로에게 던질 수 있다면, 당신은 이미 일상의 정의를 향해 한 걸음 내딛고 있는 것이다. 일상의 정의란 '옳음'의 이름을 내세우는 것도 아니고, 옳지 못함의 이름을 지적하는 것도 아니다. 일상의 정의란 너와 나의 관계조율로 우리가 되어 가는 것이다. 이렇듯 나와 너 사이에 관계조율이 필요한 이유는 나와 너는 자기라는 주관성을 가지고 있기 때문이다. 그래서 일상의 정의는 나와 너의 판단이 아니라, 관계 안에서 각자의 판단을 조율로 실현하는 것을 말한다.

우리가 정의를 말할 때, 그 중심에는 언제나 너와 내가 있지만, 그것은 우리 안에 너와 내가 있다는 것을 의미한다. 그런데 우리는 언제나 서로 다른 감정과 논리의 복합적인 존재라는 사실이다. 그래서 정의는 단순히 공정하거나 동일한 것이 아니라, 정의는 서로 다름이 관계하는 구조이자, 서로 다름의 구조를 잇는 지혜인 것이다.

따라서 우리의 정의는 완벽하게 실현할 수는 없지만, 정의를 잊지 않는 태도는 가질 수 있다. 그 태도는 곧 이런 질문을 멈추지 않게 하는 마음에 있다. "지금, 나는 이 관계에서 서로를 존중하고 있는가?", "이해하려는 나의 논리와 공감하려는 나의 감정에는 편견과 선입견은 없는가?", "옳음보다 먼저 고려해야 할 것은, 혹시 상대의 상처는 아닐까?" 그 질문 하나하나가 우리가 살아가는 일상 속 정의를 조금씩 가능하게 만든다.

2.
정의란 무엇인가:
관계 안에서의 첫 질문

"나는 옳고 너는 틀렸다"

이런 말은 우리 사이를 더욱 멀어지게 만든다. 왜일까? 정의는 항상 진실을 말하지만, 그 진실은 곧 내 안에서부터 시작되기 때문이다.

우리는 종종 '정의'를 자신의 지식이나 지혜의 옳음으로 착각한다. 그래서 잘못된 누군가를 비판하거나 판단할 때, '정의'를 들먹인다. 그 사람의 숨겨진 어떤 것도 확인하지 않았으면서, 그리고 논쟁 중에 감정적으로 흐르기도 하면서, 자신의 논리적 우위를 확보하기 위한 수단 정도로 생각한다. 하지만 그 사람의 정의는 관계에 금이 가게 하고, 대화는 끊기고, 감정은 굳어 가게 한다.

"그 안에 진실이 있을까?"

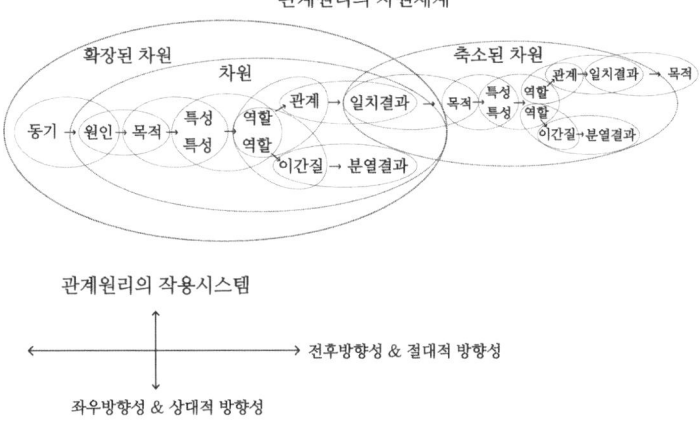

[그림2] 역할관계성이론(황정연 2022)

  역할관계성이론은 관계원리(전후 방향성)가 관계법칙(좌우 방향성)을 낳은 원초적 새로운 이론이다. 역할관계성이론에서 말하는 관계적 정의의 기준은 법칙에서 원리로 흐르는 기준이 아니라, 원리가 법칙으로 흐르는 기준을 말한다.(그림2 참조) 즉 확장된 차원에서 축소된 차원으로 흐르는 전후 방향성의 관계원리가 축소된 차원인 인과성 안에 안착하여 전후좌우로 관계작용하는 정의의 기준을 말한다. 다시 말해 인과성은 법칙이 적용되는 하나의 차원이며, 인과성의 차원은 전후 방향성의 관계원리에 의해 생성된다는 것이다. 그러므로 인과성의 원인이란 차원 밖에서 차원 안으로 안착된 원인을 말한다. 그리고 차원 안의 원인은 결과 사이에 목적을 낳고, 목적은 서로 다른 특성을 품고 있으므로, 목적이 결과로 향하기 위해서는 에너지 작용을 해야 하는 서로 다른 특성이 관계작용이 필요하므로, 관계성향을 지닌 역할의 옷을 입어야 한다고 말한다. 그러므로 차원 안의 정의는 서로 다름의 분리가 관계적 일치를 이루어 가는 과정 안에 있다는 것이다. 따라서 차원 안에서 원인은 목적을 낳고, 목적은 서로 다른 특성을 품고 있으므로, 그 목적은 역할에게 관계의 자격을 부여해 서로 다른 특성이 공동의 순수목적을 이루도록 하는 것이 일상의 관계적 정의라고 말한다. 관계적 정의란 일상의 정의를 말한다. 관계적 정의란 사실 더 넓은 의미를 가진다. 그래서 각자의 입장으로 "누가 맞느냐?"보다, 관계의 순수성을 의미한다. 따라서 순수 관계성은 목적을 부여받은 역할 관계성을 말하는 것이고, 역할 관계성이란 특성의 입장 위에 객관화된 역할의 옷을 입고, 공동의 순수목적을 목표로 하는 관계성을 말한다. 그것은 모두가 바라는 관계의 보편성이며, 이는 순수목적이 담긴 정의를 말한다. 결국, 정의롭다는 것은 단순히 정답을 말하는 게 아니라, 더 넓음의 진실을 전하려는 관계방식 안에 있는 것이다.

예를 들어 보자. 친구가 나에게 상처를 주는 말을 했다. 나는 화가 났고, 그것을 '정의롭게' 바로잡고 싶었다. 그래서 그 친구를 불러 세워 말한다. "너는 틀렸고, 내가 옳아" 이 말은 사실일 수 있다. 그러나 일상 속 정의는 관계의 정의이기도 하므로 감정과 함께 전하지 않고, 상대를 평가하는 방식으로만 접근하였다. 그는 '관계를 지키는 정의'가 아니라 '관계를 파괴하는 모순적 정의'를 선택한 것이다.

역할관계성이론에서는 인간 내부에 관계적 정의가 흐른다고 말한다. 그것은 인간의 내부에 있는 관계적 구조를 말하는 것이다. 우측에 있는 감정 에너지는 기분, 인식, 느낌의 역할을 오가고, 좌측에 있는 논리 에너지는 의지, 지각, 생각의 역할을 오가며, 서로 다른 특성이 공동의 목적을 갖도록 관계적으로 조절한다. 이것이 인간의 관계적 내부구조에 흐르는 정의다. 그러나 각 영역의 요소들은 각각 책임과 의무에 따라 분리되고 일치되는 관계의 과정이 선행되어야 한다. 이러한 관계적 구조가 무너질 때 우리 안에서는 '불공정' 혹은 '부정의'가 정서와 인지, 신체에 나타나 증상을 유발하게 한다. 결국, 관계적 정의란 관계 안에서의 분리의 균형(특성)과 관계의 조화(역할)로 공동의 목적을 성실하게 살피며 이루는 과정이라 할 수 있다.

그래서 관계적인 일상의 정의란, 법 이전에 관계의 순수목적에서 출발하고, 윤리교육 이전에 역할 관계에서 자라야 한다. 그리고 그 출발점은 언제나 이 질문에서 시작되어야 한다.

"지금 이 말과 행동이 우리 관계에 어떤 영향을 미칠까?"

3.
부부 사이의 정의:
사랑과 책임의 경계에서

"나는 너를 위해 이렇게까지 했는데, 넌 왜 나를 이해하지 않아?"

이 말 속엔, 사랑도 있고 억울함도 있고, 정의에 대한 오해도 있다.

부부 사이의 갈등에서 가장 흔하게 등장하는 말은 "공평하지 않아"이다. 한쪽은 마음을 다해 배려하고 있다고 느끼고, 다른 한쪽은 자신이 더 많은 짐을 지고 있다고 느낀다. 이때 두 사람은 각자의 감정과 논리 안에서 나름대로 반론하며 '정의'를 말하고 있다. 문제는, 이 정의들이 서로 교차하지 않는다는 데 있다.

> "부부란 남성과 여성이라는 서로 다른 특성에서 아내와 남편이
> 라는 역할의 옷을 입은 공동의 목적을 품은 관계적 공동체이다."

사례 하나를 보자. 지현은 전업주부이고, 남편 민수는 직장인이다.

민수는 회사에서 고된 하루를 보내고 돌아오면 아무것도 하지 않고 쉬고 싶어 한다. 반면 지현은 아이를 돌보고 집안을 책임지는 일에 지쳐 있다. 그녀는 말한다. "나도 온종일 일했어. 당신만 힘든 게 아니라고." 민수는 말한다. "나는 밖에서 돈을 벌고 있잖아. 그게 가족을 위한 나의 최선이야."

두 사람 모두 옳다. 그들의 '논리'는 타당하고, '감정'은 진실하다. 그러나 이 부부의 관계 속에서 '정의'는 무엇일까? 역할관계성이론에 따르면, 관계에서의 정의란 감정과 논리의 충돌을 조정하는 역할 관계에서 나타난다고 말한다. 지현의 감정은 "나도 인정받고 싶다."라는 욕구에서, 민수의 논리는 "나는 할 만큼 하고 있다."라는 자기 확신에서 비롯된다. 이 둘은 '상호 공동의 목적'을 위해 최선을 다하지만 관계적이지 못하다. 역할의 순수 기능인 관계성은 잃고 상호 교차적으로 감정과 논리의 배신감을 느낀다. 그래서 정의로운 부부 관계란, 일의 분배가 정확히 반반이라는 뜻이 아니다. 각자가 서로의 역할을 이해하고, 이 역할이 공동의 목적을 이루려는 관계에 기여하고 있어야 한다.

예를 들어, 민수가 퇴근 후 설거지를 하며 지현에게 말한다. "당신도 온종일 수고했어. 이건 내가 할게." 지현은 이렇게 응답한다. "고마워, 당신도 힘든데 같이 해 줘서 마음이 놓여." 이 대화는 단순한 분업을 넘어, 서로의 존재와 역할을 인정하는 방식이다. 바로 이 순간이 부부 관계 안에서 살아나는 정의이다.

사랑은 감정의 언어로 다가온다. 정의는 관계 유지의 기준에서 작동한다. 부부가 서로 사랑하면서도 반복해서 다투는 이유는, 사랑이 아니라 정의감이 어긋났기 때문이다. 사랑은 조건이 없어도 유지되지만, 정의는 관계가 상호 작동하고 있다는 확신 없이는 자라나지 않는다.

그래서 부부 사이의 정의는 이렇게 질문할 수 있다. "우리는 지금, 서로의 역할을 진심으로 인정하고 있는가?" 이 질문이 진심으로 오갈 수 있을 때, 우리의 사랑은 무너지지 않고 가정의 책임은 강요가 아닌 선택이 된다.

4.
부모와 자녀 사이의 정의:
보호인가, 통제인가

"나는 너를 위해 이러는 거야."

이 말이 자녀에게 닿을 때, 그건 보호일까, 통제일까?

부모는 자녀를 사랑한다. 그러나 그 사랑은 종종 '정의로운 판단'으로 포장된다. "너를 잘되게 하려는 거야.", "이건 다 네 미래를 위한 일이야." 그러나 정작 자녀는 그 말에 숨이 막히고, 마음의 문을 닫는다.

왜일까?

역할관계발달론에서 말하는 부모는 자녀에게 의식적 양육자이고 심리적 보호자이며, 양심적 지지자로 작동할 때 건강한 관계를 형성하게 된다고 말한다. 그런데 많은 부모는 이 세 가지 역할을 착각한다. 양육자는 '조건 없는 사랑을 심어 주는 역할'이고, 보호자는 자녀의 '존재를 위협하는 외부로부터 안전을 지켜 주는 역할'이고, 지지자는 자녀가 자기 삶의 방향을 '찾을 수 있도록 도와주는 역할'이지만, 이 세 역할이 뒤섞일 때 사랑은 억압이 되고, 보호는 통제가 되며, 양심은 혼란이 온다. 이렇게 성장한 사람은 이 세 가지 역할에 반감 섞인 태도나 행동을 보이게 된다.

 예를 들어 보자. 고등학생인 태윤은 예술에 관심이 많지만, 부모는 의대를 준비하길 원한다. 아버지는 말한다. "지금은 몰라도 나중에 고마워하게 될 거야." 태윤은 침묵한다. 그리고 점점 자기표현을 멈춘다. 이 장면에서 아버지는 '미래를 위한 정의'를 주장하지만, 자녀의 현재 감정과 선택의 권리는 무시되고 있다. 정의는 타인의 삶을 대신 설계하는 게 아니라, 그가 스스로 선택할 수 있도록 역할을 조율해 주는 것이다. 태윤이 필요한 것은 '정답'이 아니라, 자기 내면의 방향성을 탐색할 수 있는 안전한 공간과 대화의 기회이다.

 부모가 자녀에게 줄 수 있는 가장 정의로운 태도는 "이해하지 못해도 함께 있으려는 마음"이다. "나는 네가 선택한 길이 잘될지 확신할 수는 없어, 하지만 그 길에서 네가 스스로 책임지고 성장할 수 있다면, 난 곁에 있을게" 이 말은 단지 허용이 아니다. 그것은 자녀를 하나의 독립된 역할의 주체로 인정하는 정의로운 선언이다.

 그래서 부모와 자녀 관계에서 정의는 '효도'나 '순종'으로 측정되어서는 안 된다. 그것은 관계 안에서 서로가 자율성을 보장받고, 책임을 나

눌 수 있는 구조가 갖춰져 있을 때 비로소 작동된다. 정의는 사랑보다 더 복잡한 감정이다. 왜냐하면, 정의는 사랑을 '어떻게 줄 것인가?'를 끝없이 되묻게 하기 때문이다. 그래서 스스로에게 이런 질문이 필요하다. "나는 지금, 자녀의 선택권을 지지하고 있는가, 아니면 내 불안을 감추기 위해 통제하고 있는가?" 정의로운 자녀는 자녀를 위해 모든 것을 결정하는 부모에게서 자라는 것이 아니라, 자녀의 마음을 먼저 들어주는 부모 안에서 자라는 것이다.

5.
친구 사이의 정의:
거리 두기와 진심의 균형

"친하니까 말하는 거야."

그 말이 진심일수록, 책임감은 더 커지게 들린다.

친구 관계는 가장 자유롭지만, 때로 가장 모호한 경계에 놓여 있기도 하다. 가족처럼 가깝고 연인보다 오래된 사이지만, 법적 의무나 제도적 책임이 없기에 정의의 기준이 명확하지 않다. 그래서 친구 간의 갈등은 오해에서 비롯되고, 상처는 관계의 깊이만큼 더 깊어진다.

예를 들어 보자. 세영은 힘든 연애 상담을 친구 지우에게 털어놓았다. 지우는 단호하게 말했다. "그 사람 만나지 마, 계속 힘들다고 하잖아. 너 스스로 망치고 있어." 세영은 상처를 받았다. "왜 내 얘길 그렇게 쉽게 판단하지? 위로해 주길 바랐던 건데."

이 둘은 모두 진심이었다. 지우는 걱정에서 나온 말이었고, 세영은 마음을 기대고 싶었던 것이다. 문제는 두 사람의 역할과 감정, 기대가 서로 어긋난 것이다. 역할 관계관점에서 친구란 정서적 동료이자, 감성과 이성의 균형 회복을 돕는 관계다. 친구는 내 감정을 있는 그대로 표현할 수 있는 공간이면서도, 동시에 내가 왜 그렇게 느끼는지를 돌아보게 해주는 거울이기도 하다.

하지만 친구가 '거울'을 넘어 '판사'가 되거나, '동료'를 넘어 '치유자'의 역할을 강하게 수행하려고 할 때, 관계는 정의를 잃게 된다. 그것은 감정을 들어 주지 않고 조언만 반복하거나, 반대로 거울의 역할 없이 위로만 하려고 할 때, 친구 관계는 균형을 잃고 무게중심이 한쪽으로 쏠리게 되기 때문이다.

그래서 친구 사이의 정의는 '의견을 말할 권리'가 아니라, 감정을 존중하며 말할 줄 아는 방식에서 나온다. "그 사람이 너를 힘들게 하는 것으로 보여. 난 네가 더 아프지 않았으면 좋겠어." 이 말은 같은 의미지만, 상대의 감정을 먼저 인정하는 표현이다. 진심은 언제나 옳지만, 표현 방식은 관계의 정의를 결정한다. 친구 사이의 정의는, 내가 무엇을 말했느냐보다 어떤 위치에서 말했느냐를 따져 보는 일이다. 그것은 '너를 위한 말'이 정말 '너의 입장에서 나온 말'이었는지를 끊임없이 점검하는 것을 말한다.

정의는 친구에게 거리를 두는 일일 수도 있고, 진심을 온전히 건네는 일일 수도 있다. 중요한 건, 그 선택이 우리 관계를 지키기 위한 방식이었는가이다. 그래서 묻게 된다. "나는 지금, 친구의 마음을 이해하려 하고 있는가?, 아니면 내 옳음을 증명하려 하고 있는가?"

6.
사회 속 정의:
시스템과 인간 사이에서

"법대로 했을 뿐입니다."

말은 옳은데도, 감정은 불편하다.

사회는 시스템으로 움직인다. 법, 규칙, 제도, 조직, 이 모든 것은 사람들이 안전하게 함께 살아가기 위한 '정의의 틀'이다. 그런데 우리는 종종 그 틀이 사람을 위한 것이 아니라, 사람을 억압하는 구조로 작동하는 것을 보게 된다. 그럴 때 우리는 이렇게 묻는다. "정의는 어디에 있는가?"라고….

예를 들어 보자. 한 직장인이 육아휴직을 신청했지만, 상사는 팀 분위기를 이유로 말린다. "법적으로는 가능하지만, 지금 팀 상황에선 곤란하잖아, 너 없으면 우리 다 힘들어져." 직원은 결국 눈치를 보며 신청을 미룬다. 이 장면에서 정의는 제도 안에 있지만, 그 제도가 사람 안에서 작동하지 못하는 상황이다.

역할관계성이론은 개인과 집단의 관계에서 정의를 기능적 역할과 관계적 역할의 균형으로 설명한다. 시스템은 기능적 정의를 제공한다. 즉, 모두에게 동일한 기준과 권리를 보장하는 것이다. 그러나 관계적 정의는 각 개인이 그 제도 안에서 어떻게 살아가고 있는가, 어떻게 존중받고 있는가에 대한 질문이다.

그래서 사회적 정의는 시스템으로만 완성되지 않는다. 제도가 정의롭더라도, 그것을 운용하는 개인의 감정, 태도, 책임감이 정의롭지 않으면, 결과는 부정의가 된다. '공정함'이라는 이름으로 타인의 상황을 고려하지 않거나, '법대로'라는 말로 인간적인 호소를 외면하는 사회는 정의롭지 않다. 사회적 진짜 정의는 시스템과 인간 사이를 잇는 다리이기 때문이다. 그 다리는 단순히 법을 따르는 것이 아니라, 법이 인간의 존엄을 보장하도록 운용하는 태도에서 생긴다. "이 제도 안에서 당신이 존중받고 있는가?", "이 결정이 모두에게 정당하게 적용되고 있는가?" 이 두 가지 질문이 균형을 이룰 때, 비로소 사회 속 정의가 자리 잡는다.

사회 속 정의는 감정과 논리의 균형이 가장 넓은 범위에서 실현되는 구조이다. 기능적 논리만 있으면 무정하고, 기능적 감정만 있으면 불안정하다. 그래서 묻게 된다. "나는 지금, 기능적 시스템을 따르고 있는가? 아니면 기능적 시스템을 통해 사람을 이해하려 하고 있는가?"

7.
일상의 정의는
질문을 멈추지 않는 마음이다

"이게 맞는 걸까?"

이 질문을 스스로에게 던질 수 있다면, 이미 우리는 정의를 향해 한 걸음 내디딘 것이다.

정의는 '옳음'의 이름을 내세우는 것이 아니라, '관계를 지키기 위한 끊임없는 성찰'이다. 부부 사이에서는 감정과 논리의 언어를 조율하는 일이고, 부모 자녀 사이에서는 존재를 존중하는 구조를 만드는 일이다. 친구 사이에서는 거리를 이해하는 섬세함이고, 사회 속에서는 제도와 인간 사이의 다리를 놓는 태도이다.

우리가 정의를 말할 때, 그 중심에는 언제나 '사람'이 있다. 그리고 그 사람은 언제나 감정과 논리의 복합적인 존재이다. 그래서 정의는 단순히 공정하거나 동일한 것이 아니라, 관계를 살리는 구조이자, 서로 다른 마음을 잇는 지혜이다.

 우리는 완벽한 정의를 실현할 수는 없지만, 정의를 잊지 않는 태도는 가질 수 있다. 그것은 곧 이런 질문을 멈추지 않는 마음이다. "지금, 나는 이 관계에서 서로를 존중하고 있는가?", "나는 이해보다 감정을, 감정보다 이해를 우위로 점하고 있지는 않은가?", "내가 옳음보다 먼저 고려해야 할 것은, 혹시 상대의 마음이 아닐까?" 그 마음 하나하나가 우리가 살아가는 일상 속 정의를 조금씩 가능하게 만든다.

8.
정의는 멀리 있지 않다:
일상의 대화에서 피어나는 정의

"결국, 정의는 너와 내가 잘 지내는 일이구나."

한 내담자가 상담 후에 한 말이었다. 처음엔 회사에서의 부당한 대우에 분노하고, 가정에서는 부모로서의 권위에 상처받고 있다고 했던 그가, 긴 대화를 거친 뒤 이런 한 문장을 남겼다. 그의 말은 단순했지만, 오히려 정의의 본질을 정확히 짚고 있었다.

우리는 종종 정의를 멀리 있는 것으로 생각한다. 법정, 언론, 혹은 역사 속의 거대한 운동들로, 하지만 실은 정의는 매일 우리 입에서 나오는 말 한마디, 살피지 못한 마음 하나, 지나친 한 줄의 논리 속에 있다. 그래서 너무 가까워 놓치기 쉽다. 역할관계성이론은 말한다. 정의는 역할을 다하는 감정과 논리가 관계를 이루는 순간 생겨난다고. 그 말은 곧, 우리가 각자의 자리를 진심으로 존중하고, 서로 다른 리듬을 이해하려 할 때, 이미 그 안에 정의가 흐르고 있다는 뜻이다.

그렇다면 이제, 정의는 우리가 만들어야 하는 어떤 '것'이 아니라, 우리가 '사는 방식'일 수 있다. 관계를 해치지 않는 방식, 서로의 말을 조금 더 듣는 태도, 감정을 배척하지도 논리를 억압하지도 않는 균형감을 갖는 방식이다.

"그 말, 듣고 나니까 기분이 좀 나아졌어."
"내가 좀 더 차분하게 얘기했어야 했는데, 미안해."
"그 입장도 이해는 가. 같이 방법을 찾아보자."

이 짧은 문장들 속에도 정의는 깃들 수 있다.

이제 정의는 선택이다. 거대한 결단이 아니라, 일상의 아주 작은 선택을 말한다. 지금 이 말 한마디를 어떤 마음으로 할 것인지, 상대의 감정을 어떻게 받아들일 것인지, 나의 논리를 어떻게 설명할지. 그 모든 순간이 곧 정의의 현장이다. 정의는 멀리 있지 않다. 정의는 우리가 만나는 자리, 그 감정과 논리가 함께 살아 있는 공간 안에 있다.

9.
관계적 정의에 감정이 빠질 때 생기는 세 가지 문제점

1) 감정이 빠진 관계적 정의는 개인화되고, 타인을 고립시킨다

"네가 잘못했잖아."
→ 이 말은 타인을 '규칙 위반자'로 고립시키고, 감정 연결을 단절시킨다.

2) 감정 없는 판단은 관계의 목적을 망각한다

"우린 원칙대로 하자."
→ 원칙은 중요하지만, 그 원칙이 누구를 위한 것이었는지 잊게 된다.

3) 감정이 빠진 관계적 정의는 감정적 반감과 저항을 부른다

"공정하게 했는데 왜 반발하냐고?"

→ 사람은 감정이 존중되지 않을 때, 정의조차 '폭력'으로 느낀다.

4) 역할관계성이론의 해법: 정의는 감정과 논리의 관계적 공존이다

정의의 요소	감정라인 역할	논리라인 역할
인지 역할	어떻게 인식할 것인가?	어떻게 지각할 것인가?
정서 역할	어떻게 느낄 것인가?	어떻게 생각할 것인가?
실행하기	어떤 기분으로 태도를 보일 것이가?	어떤 의지로 행동을 나타낼 것인가?
관계 유지	어떤 믿음으로 공감할 것인가?	어떤 신뢰로 이해할 것인가?

10.
감정과 함께하는 관계적 정의가 주는 세 가지 변화

1) 관계적 정의는 '규칙'이 아니라 '사람'의 언어가 된다

"이건 규칙이니까 따라."
→ "이 규칙은 너와 우리가 함께 더 안전하고 편안하려고 만든 거야."

2) 관계적 정의는 단절이 아니라 회복의 기술이 된다

"잘못했으니 벌을 받아야 해."
→ "우리가 함께 관계를 회복하려면 어떻게 해야 할까?"

3) 관계적 정의는 '내가 옳다'가 아니라 '우리가 성장한다'로 바뀐다

"내가 맞았어."

→ "이 경험이 우리 관계에 어떤 배움을 줬을까?"

 인간을 위해 존재하는 일상의 정의는 감정 없는 이성이 아니라, 감정을 품은 이성과의 관계이다. 고로 인간은 감정을 가진 존재로서 정의는 반드시 이성 안에 감정을 품어야 한다. 그렇지 않으면 정의는 냉정한 심판자로 변하고, 그 순간 관계적 일상의 정의는 두려움과 억압으로 연결되고 만다.

5장

일상 속 토론

1.
정반합을 넘어 관계로:
관계의 확장성

　모든 말에는 감정과 논리가 함께 역동한다. 서로 말할 때가 있고 들을 때가 있다. 그래서 말하는 이와 듣는 이는 그 말의 감정 구조와 논리 구조가 함께 작동하여 동시에 해석되어야 한다. 그러나 우리의 말에는 감정 구조가 앞세워져 주도적으로 표현되거나, 논리 구조가 앞세워져 주도적으로 표현되는 것이 일반적이다. 그래서 논리와 감정이 담긴 말의 목적이 명확하지 않을 때가 대부분이다. 이것은 우리가 대화 중에 상대의 '의도'를 오해하고 방어하는 이유이기도 하다.

　그러나 **역할 정체성**을 확립한 사람은 이러한 혼란스러운 의도가 오해되지 않도록, 또 감정과 논리가 잘 타협하도록 관계를 한다. 역할이란 감정과 논리의 서로 다름을 관계적으로 연결하여 특성이 공동의 순수목적을 품도록 하는 일을 한다. 그래서 역할 관계성 토론은 '옳고 그름'을 가르는 서로 다른 특성을 최상위 목적에 두면 안 된다.

왜냐하면, 특성을 최상위 목적으로 둘 경우, 특성은 개별적인 서로 다른 두 특성이므로 공동의 순수목적을 방해하며 스스로 목적이 되려고 하기 때문이다. 순수목적이란 더 확장되는 넓은 의미를 지향하는 목적을 말한다. 그래서 이러한 목적 지향은 관계 구조를 통해 성실하게 실행되어야 한다. 그러므로 관계적 정의란 공공의 목적을 최상 목적으로 공유해야 한다.

세상의 관계는 너와 나로부터 시작하여 우리가 되도록 하는 것이다. 그래서 관계란 더 확장되고 더 확장되는 공공의 목적을 최상위에 두는 것이다. 목적이란 너와 나의 개별적 목적으로부터 우리라는 공공의 목적으로 확대되는 의미를 지니고 있다. 그래서 나의 목적은 우리의 목적 안에 담기고, 우리의 목적은 더 넓게 사회와 국가, 그리고 인류의 목적으로 확대되어 나아가야 하며, 결국에는 우리가 속한 우주의 저편까지 확장되어야 한다. 예를 들어, 개개인의 목적은 부부 안에 담기고 부부는 가정의 목적 안에 담긴다는 의미를 말한다. 그래서 우리의 목적 크기는 개별의 범위(좁음)에서 보편적인 범위(넓음)로 확대되는 것이다.

2.
우리의 논쟁은 결국 소통을 바란다

"그렇게 말하면, 내가 틀렸다는 거잖아."
"그게 아니라, 그냥 내 생각을 말한 거야."
"그런데 말투가 왜 그렇게 날카로워?"

이 대화는 너무 흔한 대화라 어쩌면 우리 모두에게도 익숙하게 느껴질지 모르겠다. 배우자와의 저녁 식사 시간에, 직장 동료와의 회의 중에, 혹은 부모와 자녀 사이의 무심한 대화 속에서조차 우리는 이런 장면과 자주 마주친다. 시작은 늘 단순한 의견 차이이다. 하지만 어느 순간, 대화는 이상한 방향으로 틀어진다. 내 안에 감정이 올라오면 말은 점점 날카로워진다. 그리고 결국엔 상대가 내 마음을 몰라준다는 서운함을 남기며 돌아서 생각한다. "말하지 말 걸 그랬나. 내가 보기엔 잘못된 행동이라 도움이 되도록 말해 준 건데, 내가 원하는 대로 전달되지 않았네." 그러나 원하는 대로 전달되었더라도 받아들여지지 않았을 것이다. 아니, 어쩌면 애초에 말하고자 했던 의도와는 전혀 다른 방식으로 해석되었을지도 모른다. 왜냐하면, 우리의 관계방식은 기대와 좌절 사이에 상처라는 함정이 있기 때문이다.

 따라서 잘못됨을 잘되게 바꾸려는 사람은 '성장 실패'를 떠올리며 좌절의 상처를 받고, 반대쪽 사람은 '소통 실패'라는 좌절의 상처를 받게 된다. 그래서 성장을 위한 조언의 실패나 소통의 실패 원인은 직접적 상황과 더불어 우리 안에서 원인이 제공되는 것이다. 우리의 내부 안의 관계적 구조는 여러 층으로 구조되어 있고, 또 개별적 특성과 역할의 관계 구조로 되어 있다. 그래서 세상에는 나와 동일한 사람이 없는 우리는 관계적 존재인 것이다. 관계적 존재란 우리가 독창적인 특별한 개성을 선물 받았다는 의미를 말하기도 한다. 그러나 이 선물의 이면에는 관계에 반하는 편견과 선입견이 함께한다. 편견은 우리의 무의식 안에 잠식된 감정의식이 부정적 자극을 받게 되면 이면심리에 의해 생기는 결과이고, 선입견은 우리의 전의식에 내재된 감정이 부정적 자극을 받게 되면 이면심리에 의해 생기는 결과이다. 이 결과는 결국 감정과 논리를 타고 들어와 우리의 소통의 경로를 막게 된다.

 우리의 내면을 살펴보면 사실 우리는 '논쟁'을 즐기지 않는다. 다만 논쟁을 통해 불안을 해소하려고 노력할 뿐이다. 그러나 이 노력은 이기는 사람과 지는 사람 사이에 기득권이 보장되므로 논쟁을 출세의 도구로 삼는 경우가 있다. 논쟁에서 누군가의 말이 맞으려면, 누군가의 말은 틀려야 하는 기본구조가 있다. 이 기본구조 안에는 사람을 보는 진심은 없고, 관계도 제자리를 찾기 어렵다. 그러니 우리의 한편에는 경쟁적인 논쟁보다, "너의 생각을 알고 싶고 내 생각을 전하고 싶을 뿐이야."라는 소통을 원하고 있을지도 모르겠다.

그 이유는 "나는 이렇게 느끼고 생각한다"고 말했을 뿐인데, 상대는 "그럼 네가 맞고, 내가 틀렸단 말이야?"라고 대화의 중심이 '감정의 장(場)'으로 넘어가는 반응을 하기 때문이다. 그 안에서는 사실과 논리보다 감정이 더 크게 울린다. 마치 말이 아니라 감정이 서로 부딪히는 것 같다. 그 결과, 내용보다 분위기가 더 오래 남고, 그 분위기가 관계의 정의가 되어 버릴 수 있다.

왜 이런 일이 반복될까?
그 이유는 단순하다. 우리는 말에만 집중하고, 관계를 놓치기 때문이다. 이 말의 내용은 전달될 수는 있지만, 말이 담긴 관계의 그릇은 깨져 버린다는 의미를 말한다. 왜냐하면, 그 말은 곧 내가 한 말의 내용이 아니라, 그 말이 전달된 방식과 맥락 속에서 내 '의도'를 읽어 내려가려고 하기 때문이다. 우리는 그 '의도'가 위협처럼 느껴질 때, 방어가 시작되고, 방어는 곧 반격으로 바뀌게 된다.

예를 들어, 이렇게 말해 보자. "나는 너의 방식이 좀 비효율적이라고 생각해." 이 말의 의도 자체는 비판이 아닐 수 있고 단순한 의견 차이로 볼 수 있다. 하지만 듣는 사람에 따라 다르게 반응할 수 있다. "그럼, 지금까지 내가 다 잘못한 거라는 거야?", "그렇게 생각하면서 날 도와준 거야? 왜 이제 와서 말해?" 이렇게 말은 내용을 품고 있지만, 그 말이 지나가는 감정의 통로와 관계의 신뢰가 말의 해석을 결정짓게 되는 것이다. 그래서 질문을 바꿔야 한다.

"우리는 왜 싸우게 되는 걸까?"가 아니라,
"우리는 왜 이해받기 어렵다고 느끼는 걸까?"

그것은 말의 기술이 부족해서가 아니고, 표현력이 부족해서도 아니며, 논리력이 부족해서도 아니다. 우리의 말하기는 감정과 관계 위에 있기에, 말보다 더 깊은 층위에서 문제가 생기기 때문이다. 그리고 그 깊은 층위를 그동안 우리가 보지 못하고 살아왔기 때문이다. 그래서 소통에서 정작 중요한 건 말이 아니라, 말 이전에 존재하는 '관계적 안정감'이다. 말은 관계 위에서만 안전하게 서 있을 수 있다. 관계가 흔들릴 때, 말도 흔들리고, 그 말은 곧 긴장감이 되어 오해로 바뀔 수 있다.

그렇다면 누군가는 이렇게 말할 수 있다. "그럼, 하고 싶은 말도 못하고 참고 살아야 해?" 그건 아니다. 말은 해야 한다. 우리가 원하는 삶은 서로를 이해하는 삶이지, 서로에게 침묵하는 삶이 아니기 때문이다. 그러나 그 '말하기'를 이기기 위한 언어의 수단, 변명과 설득을 위한 언어가 아니라, 이해와 연결이 되는 언어여야 한다는 것이다.

그런데 문제는, 우리는 그런 형식의 말하기를 배운 적이 없다는 것이다.

학교에서, 사회에서, 우리는 대부분 논리적이든 감정적이든 '논쟁'하는 법만 배운다. **'관계를 위한 말하기', 감정을 다루는 대화**, 서로 다른 생각을 품은 채 관계적으로 이어지는 대화는 배운 적이 없다. 그 결과, 다름은 항상 충돌한다는 의식이 되었고, 그 충돌 속에서 말은 '싸움의 무기'가 되어 버렸다.

이제 말은 변해야 한다. 정답을 내놓는 말에서 함께 살아가는 방식을 찾는 말로, 내 생각을 말하는 논리적 말에서 감정적 책임을 질 수 있는 말로, 내 느낌을 말하는 감정적 말이 논리적 책임을 질 수 있는 말로. 그럴 때 우리의 논쟁은 소통을 위한 목적 정체성을 발견할 수 있고, 우리는 논쟁을 공동의 목적을 품은 역할 관계 안으로 끌어들일 수 있다. 그 속에서 우리는 사회가 바라는 발전과 더불어 그 속에 관계적 성장을 보너스로 담게 될 수 있을 것이다.

그러므로 우리는 알아야 한다. 우리에게는 가까운 사람, 같은 분야에 있는 사람일수록 소통을 가로막는 이면심리, 즉 편견과 선입견이 더 작동한다는 것을….

가만히 눈을 감고 자신의 의식과 신념을 느껴보자. 우리가 진짜 바라는 것이 논쟁인지, 소통인지를…. 그렇다면 양심은 당신의 의식과 신념에 이렇게 속삭일 것이다. 너의 의식 뒷면과 신념의 뒷면을 바라보라고….

3.
정반합 구조의 한계:
논리를 넘어 감정으로

헤겔의 정반합(dialectic)은 오랫동안 '생각하는 인간'에게 큰 영향을 미쳐 온 사고의 방식이다. 이 사고의 방식은 하나의 주장이 제기되면, 정(thesis)에 반대되는 반(antithesis)의 입장이 생기고 결국 그 둘을 통합하여 더 고차원적인 새로운 결론, 즉 합(synthesis)에 이르게 된다는 논리 구조이다. 우리는 이 틀 안에서 사고하고, 말하고, 토론해 왔다. 학교에서도, 회사에서도, 사회 전반의 공론장에서도.

하지만 이 구조는 인류 발전에 필요한 양 날개를 펼치지 못하게 하는 결정적인 약점이 하나 있다. 그 약점은 우측 날개인 감정을 논쟁 가운데 꺾어 버린다는 것이다. 정반합 구조는 기본적으로 '이성의 영역'이다. 논리적 충돌을 통해 진리를 드러내는 것을 목표로 삼는다. 그래서 토론의 장에서 가장 중요한 것은 '무엇이 맞는가?'이지, '누가 무엇을 어떻게 느끼는가?'가 아니다.

그런데 현실의 대화는 그와 다르다. 우리는 살아 있는 존재이다. 살아남기 위한 수단을 발전시키기 이전에 공공의 목적을 통해 발전되어야 하는 존재인 것이다. 그래서 우리는 감정이 있고, 맥락이 있고, 관계의 흐름 속에서 말을 한다. 따라서 말은 논리 위에 홀로 떠 있는 배만이 아니다. 물 위에 떠 있는 논리의 배를 저어야 할 감정의 에너지가 필요하다. 노는 속도와 방향성을 제시한다. 이것이 관계의 강을 안전하고 평화롭게 건널 수 있는 토론의 구조이다.

예를 들어 보자. A가 이렇게 말을 한다. "나는 이 프로젝트의 방향이 너무 느슨하다고 생각해. 좀 더 분명한 목표가 있어야 할 것 같아." B가 반응한다. "그건 너무 성급한 판단 같아. 전체 맥락을 고려해야 하지 않아?"

표면적으로 보면, 정(正)과 반(反)의 구도가 형성되어 있다. 그리고 이어서, '합(合)'을 도출할 수 있다. "그럼, 프로젝트의 목표를 분명히 하되, 전체 일정과 팀원의 상황도 고려하는 방식으로 조정하자." 이렇게 결론이 나면, 겉으로 보기엔 성공적인 토론처럼 보인다.

하지만, 실제로 관계적으로 그 사이에 어떤 감정이 오갔는지 살펴보자.

A는 자신의 주장을 꺼내며 "내가 느낀 불안감을 진지하게 받아들여 줬으면 좋겠다"라는 마음을 가지고 있었다. 하지만 B의 반응은 곧장

'반론'이었다. 그러자 A는 '내 감정을 무시당했다'는 느낌을 받는다. B 역시 A의 말에서 '비난의 느낌'을 받았을 수 있다. "내가 지금까지 열심히 해 왔는데 그게 느슨하다고? 노력은 무시하고 문제만 지적하는 거야?"라는 기분이 오갈 수 있다.

이처럼, 정반합은 논리적 해결을 향해 나아가지만, 그 과정에서 손톱에 긁혀 생긴 상처와 같은 감정의 생채기를 남긴다. 그리고 이 생채기는 다음 대화의 문을 닫아 버리게 한다. "다음에 또 말해 봤자, 어차피 반박당할 거야", "저 사람은 말만 논리적으로 하고 노력하려는 내 마음은 전혀 신경 안 써" 이런 생각이 쌓이면, 발전적 대화는 멈추고, 관계는 멀어지게 된다. 정반합의 구조는 '문제를 해결하는 말'에는 유효하지만, '공감적 이해의 말'에는 불완전하다. 왜냐하면, 감정과 신뢰는 논리만으로 수렴되지 않기 때문이다.

역할관계성이론에서는 인간의 관계적 내부구조를 신체, 정신, 마음, 양심, 영적 영역으로 나눈다. 그중에서도 마음 영역에는 감성과 이성의 특성이 구성되어 있다. 이성은 말의 뼈대를 만든다면, 감성은 그 말에 온도를 부여한다. 그래서 감성이 없는 이성은 차갑고, 이성이 없는 감성은 불안정하다. 그러므로 논리적으로 냉정한 정과 반을 통해 합을 갖추는 것에 관계적으로 수용성과 안전성을 확보하는 것이 필요하다.

따라서 말에는 '무엇을 말했는가?' 못지않게, '어떤 마음으로 말했는가'와 '어떤 역할에서 말했는가'가 중요하다. 정반합은 전자의 논리를 다룰 수 있지만, 후자가 가진 관계적 맥락은 설명하지 못한다. 우리는 대화를 통해 사실을 공유할 뿐 아니라, 감정을 건네기도 한다. 그 이유는 내 생각과 내 느낌은 나의 해석을 통해 나의 불안을 상대에게 전달하고 싶어 하기 때문이다. 그래서 우리는 때로 다툼 안에서도 마음속 깊은 곳에 "내 말의 내용을 통해, 내 마음을 좀 봐 줘"라고 외치고 있다.

그러므로 정반합은 이러한 내면의 소리까지 담기엔 부족하다. 그러나 관계를 위한 대화는, 논리의 구조를 함께 담는다. 관계적 토론은 정과 반 사이에, '감정의 공간'을 만들고, 합을 내기 전에, '공감과 이해의 시간'을 거치게 한다.

우리가 일상 속에서 진짜 바라는 건, 이기는 토론이 아니라, 이어지는 대화이다. 그런데 이 시대의 논리적 대화방식은 합리적 논리를 왜곡하는 토론에 사용된다. 이 토론 방식은 무양심의 결과로, 사람들의 감정과 정서를 흠집 내는 용도로 사용되고 있다. 그러므로 일상 속 토론은 논리 방식에 감정이 고려되어야 한다. 감정을 존중하고, 관계의 흐름을 감지하고, 말의 논리적 의도와 더불어 사람의 마음에 함께 귀 기울일 때, 비로소 우리는 이기기 위한 논쟁을 넘어, 소통적 타협이 있는 합을 이루는 토론으로 나아갈 수 있다.

4.
감정이 말에 실릴 때
말 너머에 있는 마음을 듣게 된다

우리는 말할 때 단지 정보만을 전달하는 것이 아니다. 앞서 말한 바와 같이, 말에는 감정이 실리기 때문이다. 그 이유는 감정은 말의 숨결이고, 그 숨결이 없다면 말은 메마른 기계음처럼 들리게 되기 때문이다.

예를 들어 보자. 친구가 이렇게 말한다. "나 오늘 너무 힘들었어." 이 말에 어떤 감정이 담겨 있을까? 피곤함, 서러움, 무거움, 혹은 답답함일 수 있다. 그런데 듣는 사람이 "왜 힘들었어?"라고 묻지 않고 바로 "그럼 넌 뭐 해야겠네."라며 해결책만 말한다면, 말하는 사람은 자신의 마음이 '무시당했다.'라고 느낄 것이다.

이처럼, 감정이 실린 말은 그 말 자체보다 더 큰 의미를 담고 있다. 그래서 우리의 말은 때로는 '내 말에 담긴 감정을 알아 달라'는 간절한 요청이기도 하다. 그 감정을 읽지 못하면, '말은 했지만 진짜 소통은 없다.'라는 상황은 계속 반복될 것이다. 역할관계성이론은 이러한 점에서 우리에게 중요한 통찰을 준다. 인간의 마음은 감성과 이성이 서로 긴밀히 연결된 '역할 관계'가 필요하며, 말은 이 두 역할이 균형과 조화를 이룰 때, 비로소 '관계적 언어'가 된다.

> 감성은 말에 '정서적 맥락'을 부여하고, 이성은 그 맥락을 '논리적 구조'로 다듬는다.

예컨대, "회의 일정이 자꾸 밀려서 너무 스트레스받아."라는 말에는 '스트레스'라는 감성이 들어 있다. 이 말을 듣는 사람은 그저 '일정 조정이 필요하다.'라는 이성적 해석을 넘어서, '스트레스를 겪는 상대의 감정 상태'를 함께 느끼고 공감하는 것이 필요하다. 감정을 듣는다는 것은, 그저 '말의 감정을 인지한다.'라는 의미를 넘어 상대의 내면에 '공감의 다리'를 놓는다는 것을 알아야 한다. 그 다리를 통해 우리는 단순한 정보 교환을 넘어, 마음의 교류를 경험할 수 있다.

하지만 현실의 실제 토론 자리에서는 이런 감정의 흐름을 달갑지 않게 생각한다. 그것은 감정은 논리의 변명으로 사용되기 쉽고, 논리는 감정의 변명으로 사용되기 쉽기 때문이다. 그래서 감정을 말하면 무시당하거나 공격받는다고 생각하는 사람들이 대부분이다. 이러한 이유로 많은 사람은 **감정을 숨기고, 이성적으로만 말하는 법**'을 배운다. 이러한 토론은 겉보기에는 원활하게 진행되는 것 같지만 사실은 '관계의 골'을 더 깊게 만든다.

나아가, 감정이 결여된 말은 때로 상대에게 '냉소'나 '공허함'으로 다가오기도 한다. 관계 심리학에서 말하는 '감정의 결핍'이란, 즉 냉소나 공허함은 신뢰와 친밀감 형성을 어렵게 만든다. 다시 말해 토론이 성공적이더라도, 관계의 토대가 흔들릴 감정이 서로에게 쌓이게 된다는 것이다. 그래서 우리는 '감정을 담아 논리적으로 말하기'와 '감정을 논리적으로 해석해서 듣기'라는 두 가지 능력을 함께 키워야 한다.

내가 내 감정과 논리를 어떻게 연결하여 명료하게 표현할 것인가? 상대의 감정과 논리를 어떻게 연결하여 온전히 받아들일 것인가? 역할 관계성이론에서는 이러한 능력을 '특성의 역할 인식'이라고 말한다. 특성인 감성과 이성의 관계적 보완은 느낌과 생각, 즉 역할 인식을 통해 긴장을 완화하고 균형과 조화를 이루는 건강한 관계를 만들 수 있다. 이를 통해 토론은 달라질 수 있다. 단지 '내가 이기기 위한 주장'보다 '우리의 관계를 지키고 공동의 목적을 이루기 위한 말하기'로 변화될 수 있다.

예를 들어, 업무 회의에서 "이 방법은 비효율적이에요."라는 말 대신, "이 방법이 효과가 없어서 걱정돼요. 우리 모두의 노력이 헛되지 않도록 함께 방법을 찾아보면 좋겠어요."라고 말할 때, 그 말 속에는 이성과 감성이 함께 작용하게 된다.

결과적으로 감정이 역할로 변환된 말은 토론의 질을 높일 뿐 아니라,

말하는 사람과 듣는 사람 모두가 '존중받고 있음'을 느끼게 하고 연합을 경험하게 한다.

5.
정반합 토론의 문제점:
감정과 관계가 소외된 논리의 딜레마

철학에서 정반합(正反合)은 논쟁과 토론의 전통적인 틀이다. 먼저 한쪽이 '정(正)'을 주장하고, 다른 쪽이 '반(反)'으로 맞서며, 결국 '합(合)'이라는 조화를 이룬다. 이 과정은 논리가 독자적으로 할 수 있는 최고의 능력이다.

하지만 일상이 주도되는 이 시대에 우리의 일상 속 토론에서는 이 정반합은 오히려 문제를 만들기도 한다.

왜일까?

첫째, 정반합 토론은 **'입장 대립'**을 전제로 하기 때문이다. 누군가가 말하면, 반드시 그것에 '반대'가 존재해야 하며, 그 사이에 타협적 '조율'보다는 모순을 통해 조율하게 된다. 그러나 발견하고자 하는 모순의 의미는 각자 입장에 따라 해석이 달라지거나 환경과 상황에 따라 달라질 수 있으므로 쉬운 문제가 아니다. 이 과정에서 상대의 감정은 종종 배제되거나 희생되고, '누가 맞고 누가 틀리냐'가 초점이 된다. 따라서 이 시대 우리에게는 논리적인 토론 방식에 감정이 상하지 않도록 관계적 토론 방식이 필요하다.

둘째, 정반합 토론은 **'결론'**에 집중한다. 대화의 목표가 '최종 합의'이다 보니, 그 과정에서 상대의 감정을 다루는 시간과 여유가 부족하다. '이성적 판단'과 '논리적 설득'에 치중할수록, 말하는 이는 자신이 옳다는 것만 강조하고, 듣는 이는 방어적으로 변한다. 결과적으로 논리적 승자는 생겨도, 관계적 승자는 없는 상황이 반복된다.

셋째, 정반합의 토론은 **'대립'**이 중심이다 보니 상대는 '적'처럼 여겨진다. '반대 의견'은 자연스럽게 '틀린 의견'이 되고, '내 편'과 '네 편'이라는 경계가 생기게 된다. 이는 집단 내 분열과 갈등을 부추기도록 이용되기도 한다. 일상에서 흔히 경험하는 '논쟁이 격해지고 대립하게 되면 더 큰 의미에서의 연합은 방해받게 된다.'

넷째, 정반합 토론은 감정이 억압되면서 **'말하지 못한 것'**이 쌓이게 된다. 사람들은 '내 감정을 드러내면 약해 보인다.'라고 생각하거나, '감정은 토론과 무관하다.'라고 믿기도 한다. 그러나 억압된 감정은 결국 말 이면에 '불만'이나 '서운함'으로 남아, 토론의 골을 깊게 만들어 더 깊은 곳의 보석을 잠재우기도 한다.

이러한 정반합 토론의 한계는 우리 삶 곳곳에서 흔히 목격된다. 가정에서는 부부가 '누가 맞느냐?'에 골몰하다가 서로 마음이 멀어지고, 직장에서는 의견 대립이 협업을 어렵게 하며, 친구 관계에서는 다툼 후 냉랭함이 지속된다. 결국, 정반합 토론은 '논리적 합의'를 위해 달리지만, 목적지는 이 시대의 갈라치기를 낳는다.

　그렇다면 일상의 토론은 어떻게 해야 할까?
　우리가 진짜 원하는 '공감'과 '이해'가 있는 '소통'은 어떻게 가능할까? 이 질문은 역할관계성이론에서 제안하는 새로운 토론 방식을 통해 답을 찾을 수 있다.

6.
역할관계성이론에 기반한 새로운 토론 방식: 관계를 중심에 두다

정반합 토론 방식이 논리적 합의에만 초점을 맞추면서 감정과 관계를 소외시키는 데 반해, 역할관계성이론은 '토론'을 전혀 다른 시각에서 바라본다. 이 이론에 따르면, 역할 관계방식의 토론은 단순한 의견 충돌이나 승패의 문제가 아니라, 서로 다른 '의견'을 관계적 '역할'로 공동의 '순수목적'을 이루는 토론의 장(場)이라는 것이다.

- 역할과 목적의 조율로서 토론

역할관계성이론에서는 정과 반을 서로 다른 두 특성의 상태라고 말한다. 그래서 두 특성은 서로 모순을 먹고 사는 사이다. 이는 서로 다른 특성은 서로 다른 입장과 개성을 가지고 있기 때문이다. 그러므로 서로 다른 특성은 주관적인 입장에서 객관적인 입장이 필요하므로, 각각 역할로 변환되어 서로 다름을 관계적으로 타협하여 공동의 목적인 합을 도출해야 한다. 그래서 우리가 말할 때는 논리적 특성이 역할로 전환되고, 감정적 특성이 역할로 전환되어 말하는 것이 필요하다.

일상 속 토론이란, 관계적인 토론 형식을 말한다. 이 토론은 상대방의 말에 담긴 논리의 역할뿐 아니라, 그 배경에 있는 감정의 역할과 함께 공동의 목적을 이해하고 조율하는 과정이다. 이 과정은 단순히 '누가 맞고 틀리냐'를 가리는 싸움의 여정이 아니라, '발전적 목적이 어떤 방향으로 나아가야 하는가'를 함께 찾아가는 여정이다.

- 감정과 논리가 공존하는 대화

역할 관계적 토론은 '내가 왜 그렇게 느끼고 생각하는지', '너의 말에 어떤 논리와 감정이 담겨 있는지'를 솔직하게 드러내고 듣는 토론이다. 이를 통해 말하는 사람은 결국 자신이 단순히 '의견'만 말하는 사람이 아니라, '역할'의 순수 의도를 가진 존재임을 인정받게 된다. 듣는 사람인 경우, 그 말의 배경과 맥락을 이해하며 방어적 자세에서 벗어나 열린 마음으로 창의적 상상력을 자유롭게 발휘할 수 있는 대화에 임할 수 있게 된다.

- 조율자 역할의 중요성

역할은 '조율자'이다.
조율자는 단순한 중재자가 아니라, 대화 속 두 특성이 목적과 어떻게 맞물려 있는지 살펴, 균형을 잡아 주는 역할을 가진 사람이다. 이들은 감정적인 사람과 논리적인 사람 사이의 다리를 놓고, 서로가 가진 역할의 충돌을 해소하는 촉매제 역할을 하는 사람을 말한다.

예를 들어, 직장에서 '즉각 대응이 필요하다'는 입장을 가진 사람과 '퇴근 후 휴식이 중요하다'는 입장을 가진 사람이 대립할 때, 촉매제 역을 하는 조율자는 양쪽 모두 인정하며 '팀 전체의 신뢰와 효율'이라는 공통 목표를 제시한다. 그 결과, 단순한 타협을 넘어 관계가 강화되는 발전적 합의가 가능해진다.

7.
논리 중심 토론이 낳는 갈등과 대립의 구조: 말과 마음의 균열

우리가 일상에서 흔히 경험하는 토론, 대화 속 갈등의 많은 부분은 '논리'에 집중한 소통방식에서 비롯된다. 논리는 분명히 중요한 도구지만, 그것이 전부가 되면 관계에 균열이 생기고 결국 감정적 대립으로 번지기 쉽다.

- 논리의 절대화: 말은 옳지만, 관계는 상처받는다

논리 중심 토론에서는 내 말이 얼마나 '옳은가', 상대의 주장이 얼마나 '틀린가'를 따지는 데 집중한다. 이 과정에서 감정은 종종 배제되거나 억압된다.

예를 들어, 회의 중 한 사람이 다음과 같이 말할 수 있다. "이 데이터가 말하는 게 명확해, 우리는 이렇게 해야 해." 이때 상대방은 논리를 반박하기 위해 말에 집중하지만, 실제로는 그 말 속에 담긴 '불안', '두려움', '압박감' 같은 감정적 의미는 무시당하기 쉽다.

결국, 상대방은 '내가 표현한 감정과 마음이 무시당했다'고 느끼며 마음의 벽을 쌓는다. 말은 옳았지만, 마음은 상처받은 것이다. 이런 상황이 반복되면, 말하는 사람은 승리를 얻지만, 말하지 못한 사람은 패배를 경험한다.

- 책임의 분산: "다 함께 결정했지만, 아무도 책임지지 않는다"

논리 중심 토론은 합의를 도출하는 데 집중하다 보니, 합의 자체가 목표가 된다. 하지만 합의 후에 '누가 어떤 책임을 질 것인가'는 모호하거나 흐려진다.

회사에서 '프로젝트 방향'을 정할 때, 팀원들이 치열하게 논쟁한 끝에 타협점을 찾는다. 그러나 그 타협이 실천되려면 누군가 책임지고 앞장서 나아가야 한다. 그렇지 않으면 합의는 말뿐인 껍데기에 불과하다. 책임이 분산되면, 각자의 역할은 희미해지고 '내가 한 말'에 대한 책임감도 줄어든다. 결과적으로 '합의한 내용'은 유지되지 않고, 다음 토론 때마다 같은 문제가 반복된다.

- 적대적 대립: '다른 의견'은 '틀린 의견'이 된다

논리 중심 토론에서는 상대방의 의견을 '이겨야 할 대상'으로 인식하는 경우가 많다. '내 말이 맞다.', '너는 틀렸다.'라는 이분법적 사고가 자주 나타난다.

이러한 대립 구조는 토론 상대를 '적'으로 만들고, 관계를 긴장시키며, 감정을 악화시킨다. 상대방은 자신의 입장이 폄하 당했다고 느끼며 방어적으로 변하거나 심지어 공격적으로 반응하기도 한다. 이 과정에서 본래의 '문제 해결' 목적은 사라지고, '누가 이기느냐?'라는 경쟁 구도가 중심이 된다. 이는 토론의 본질을 왜곡하고, 결국 대립적인 '싸움'으로 귀결된다.

- 일상에서 흔히 나타나는 사례

직장에서 상사와 부하 직원 간 대화의 예이다.

상사는 업무 지연에 대해 논리적으로 지적한다. "왜 보고서 제출이 늦었나? 일정이 밀리면 프로젝트 전체가 위험해진다고." 부하는 자신만의 사정이나 감정을 제대로 설명하지 못하고 방어적으로 변한다. "최대한 빨리했는데, 일이 많아서요." 여기서 논리적 문제는 '업무 지연'이지만, 감정적 문제는 '부하 직원의 부담감'과 '상사의 불안'이다. 논리만 다루는 토론은 이 감정의 균열을 메우지 못한다.

이처럼 논리 중심 토론은 문제 해결은커녕, 오히려 말하는 사람과 듣는 사람 사이의 관계를 멀어지게 하고, 감정적 거리를 멀어지게 만든다.

- 왜 우리는 논리에 갇힐까?

현대 사회에서 논리는 '합리성'의 상징이다. 과학, 기술, 법, 행정 등 많은 영역에서 논리는 가장 중요한 도구이다. 그래서 사람들은 토론이나 논쟁에서도 논리적 근거를 강하게 요구한다.

하지만 일상의 관계에는 '논리'뿐 아니라 '감정'이 '역할'로 인식되어 '상호 목적'을 이루게 되어 있다. 그래서 논리에만 집중된 토론은 **'특성이 목적이 되려는 결과를 낳게 되는 위험성'**이 있다. 특성은 서로 다름으로 나누어져 있기에 역할적 관계를 하지 못하면 상호 대립적일 수밖에 없다. 이것이 정반합의 논리가 가진 한계이다. 그래서 논리 중심 토론은 '승패'의 구도로 흐르기 쉬운 것이다. 이기고 지는 구도는 사람들에게 방어적 태도나 공격적 행동을 갖게 만든다.

- 말하는 사람의 승리 vs 말하지 않는 사람의 패배

논리 중심 토론의 결과는 대부분 '말하는 사람의 승리'와 '말하지 않은 사람의 패배'로 나타난다.

말하는 사람이 이기기 위해 자신의 권위와 논리가 내세워지면 상대를 압도하게 된다. 그러면 그 말이 옳건 그르건 결과적으로 그 사람이 이기게 되고, 상대는 자신의 마음을 숨기고 말하지 못하면서 패배자가 된다. 이 패배는 단순히 대화의 실패만이 아니라 논리의 균형을 깨트리는 대화가 된다. 그리고 상대는 관계의 균열과 상처로 이어진다. 말하지 못한 마음은 쌓이고, 상대에 대한 불신이 자라며, 결국 공동의 목적은 물론 미래의 소통마저 위태롭게 만든다.

- 논리의 그림자

논리 중심 토론은 분명한 '발전적 미덕'도 가지고 있다. 하지만 그 이면에는 관계를 상처 내고, 감정을 억압하며, 책임을 분산시키는 '그림자'가 숨어 있다. 우리는 이제 이 '그림자'를 인정하고, 토론을 단순히 논리적 합의를 넘어서 '관계적 조율'로 확장해야 할 시점에 와 있다. 역할관계성이론이 제안하는 공동의 목적을 위한 '역할의 조율' 방식은 바로 이 지점에서 중요한 의미를 가진다.

8.
사례로 보는 정반합의 토론과 역할 관계성 토론의 실제

일상에서 흔히 겪는 예를 들어 보자.

직장 동료 A와 B가 '퇴근 후 업무 메시지 확인'에 대해 의견이 엇갈린 상황이다.

- 정반합 토론 방식

A: "퇴근 후 메시지 확인은 필수야, 업무 효율을 위해."
B: "나는 퇴근 후에 일 생각하는 거, 너무 부담돼."
조율자 C: "그럼 기본 확인은 하되, 강제로 하지는 말자."

이렇게 '합'은 만들어지지만, A는 '내 요구가 무시됐다.'라고 느끼고, B는 '결국 또 업무가 따라온다.'라는 불안이 남는다.

- 역할 관계성 토론 방식

A: "나는 실시간 대응해야 한다는 책임감을 느껴, 그래서 메시지 확인이 중요해."

B: "나는 퇴근 후에 감정을 회복할 시간이 필요해, 그게 내 업무 효율과 직결되니까."

조율자 C: "A의 책임감과 B의 회복 욕구, 둘 다 이 관계에서 중요한 역할이네요. 우리 팀의 목표는 신뢰와 효율입니다. 이를 바탕으로 응답 기준을 함께 정해 볼까요?"

이 방식에서는 감정과 논리가 모두 존중되며, 양쪽의 역할이 충돌하지 않고 조화로워진다. 그 결과 관계는 훨씬 건강하게 유지되고, 실질적인 협력도 가능해진다.

이런 역할관계성이론 기반 토론은 단순히 '누가 맞느냐?'를 넘어, '우리 관계가 어떤 방향으로 나아가야 하는가'를 고민하게 한다. 그 안에서 토론은 갈등의 장이 아니라 성장과 회복의 장이 된다.

정반합과 역할 관계성 토론의 차이점

구분	정반합 토론	역할 관계성 토론
초점	입장 대립 및 결론 도출	공동 목적 및 역할 관계조율
논리와 감정 처리	감정 무시, 소외	논리와 감정의 관계성립
대화의 태도	논리중심 및 승패구도	관계균형 및 조화, 협력증진

토론의 결과	논리의 발전 및 관계손상	관계 강화 및 신뢰 증진
책임분담	제도적 질서 및 책임	관계적 질서 및 책임
장점	합리적 사회로 발전	관계적 사회로 발전
단점	이기적 사회로 발전	공공의 사회로 발전

논리 중심 토론 vs 관계 중심 토론 비교

구분	논리 중심 토론	관계 중심 토론
초점	옳고 그름의 '논증'	관계조율 및 상호이해
주요 구성요소	논리 주장 및 논리반박	특성 분리, 역할조율, 목적 일치
소통방식	경쟁적 승패 구도	협력적 조율과 조화
갈등처리	적대적 대립, 방어 및 공격적 태도	공감적 태도 및 이해적 표현
결과	논리적 합의 및 관계 균열, 소통단절	관계 강화, 신뢰 구축
책임	분산, 희석	명확, 상호 역할 책임

논리 중심 토론의 구조와 갈등 메커니즘

구분	특징 및 내용	결과 및 영향
1. 논리의 절대화	- '내 말이 옳다'에 집중 - 감정 배제, 억압 - 말은 맞지만 마음은 상처받음	- 관계적 공감 부족 - 상대방 마음의 벽 생성 - 마음의 상처 누적
2. 책임의 분산	- 합의에 집중 - 책임과 역할 불명확 - '합의는 했으나 실천이 어렵다'	- 실행력 저하 - 반복되는 문제 - 책임 회피, 무책임 문화 조성
3. 적대적 대립	- 상대 의견을 '적'으로 인식 - '내가 이기고 너는 진다' 구도 - 이분법적 사고	- 관계 긴장 심화 - 방어 및 공격 태도 고조 - 토론이 싸움으로 변질
4. 말과 마음의 균열	- 논리에 집중, 마음 소외 - 논리와 감정 역할의 불일치 - 표현되지 않은 감정 증폭	- 감정적 거리 확대 - 신뢰 저하 - 미래소통 위기
5. 사회적 배경	- 합리적, 과학적 사고 중시 사회 - 논리 우선 문화 형성 - '승패' 경쟁 구도 강화	- 논리 중심 소통의 필연성 - 관계성 소홀 - 감정 무시 현상

| 6. 최종 결과 | - 말하는 사람의 '승리'
- 말하지 않은 사람의 '패배'
- 관계 균열과 소통단절 | - 신뢰 붕괴
- 관계 파탄 위험
- 조직 및 가정 내 갈등 심화 |

- 역할관계성이론 기반 토론 구조 비교

1) 기본 개념

역할관계성이론 핵심은 인간관계는 서로 다름을 인정받아야 할 **'특성'**, 관계성향을 지닌 **'역할'**, 역할에게 순수목적을 부여해야 할 **'목적'**을 중심으로 이루어진다. 그러므로 토론은 서로 다름으로 이기려는 특성적인 단순 논쟁이 아니라, 관계적으로 타협하고 소통하는 역할적 토론을 통해 서로 다름의 두 특성이 **'공동의 목적'**을 향해 조율되는 과정이다.

2) 구성 요소

요소명	의미	역할관계성이론 연결점
감정 역할	상대방 감정인식 존중	역할로서 '감정' 주장
논리 역할	주장과 반박 등 논리적 사고	역할로서 '논리' 주장
역할 조율	감정과 논리의 역할 간 관계조율	역할 관계성- '공동의 목적' 향한 협력과 조율
관계 목적	토론이 지향하는 관계의 궁극적 목적	관계 목적- 관계 유지, 성장과 신뢰 구축
갈등 구조	논리 중심 토론에서 발생하는 구조	'역할 불균형' 또는 '특성 충돌'
소통 결과	토론 결과가 지속 관계에 미치는 영향	역할 관계 여부에 따른 '관계 회복' 또는 '관계 균열'

3) 역할관계성이론에 따른 토론 유형 비교

토론 유형	역할관계성이론 관점 해석
논리 중심 토론	- 논리 역할이 감정 역할을 압도 - 역할 불균형 발생 - 관계 목적이 무시됨
관계 중심 토론	- 감정 역할과 논리 역할 균형 있게 조율 - 역할 간 상호 존중 및 협력 - 공동의 목적이 중심에 있음

에필로그 - 마음이라는 길 위에서

 우리는 모두 관계라는 풍경 속을 지나며 살아갑니다. 때로는 혼자 걷기도 하고, 때로는 함께 걷기도 하며, 때로는 멈춰 서기도 하고, 때로는 너무 가까워 눈을 마주치지 못하기도 하며, 때로는 너무 멀어 목소리가 닿지 않기도 하면서 말이죠.

 그 길 위에서 우리가 가장 자주 마주치는 것이 있습니다. 그것은 다름 아닌 **'감정'**이라는 표지판입니다. 바로 반가움이라는 표지판이고, 서운함이라는 갈림길의 표지판이며, 분노라는 급커브를 알리는 표지판이고, 감동이 담긴 사랑의 표지판이죠. 삶의 여정에서 만나는 이 표지판은 우리가 살아 있다는 증거이고, 누군가와 연결되고 싶다는 마음의 언어이기도 합니다.

 이 책을 쓰면서
 나는 누군가의 삶 속에서 한 조각의 거울이 되기를 바랐습니다. 기분이 흐려진 날이면, 그 흐림 속에 숨은 감정을 들여다볼 수 있는 거울이, 관계가 흔들릴 때면, 그 흔들림 너머의 진심을 이해할 수 있는 그런 거울이 되기를 바랐습니다.

우리에 의식과 신념은 우리의 태도나 행동에 어떤 모습으로 새겨져 있을까요? 우리의 감성과 이성은 우리의 태도나 행동에 어떤 색으로 덧칠해져 있을까요? 우리의 태도나 행동은 어떤 모순과 역설 사이에서 방황하고 있을까요?

감정은 느낌과 인식, 기분을 거쳐 태도가 되는 진실의 반쪽 방향키입니다. 논리는 느낌과 지각, 의지를 거쳐 행동이 되는 진실의 반쪽 방향키입니다. 그래서 감정이 표현되는 순간, 감정의 방향키와 논리의 방향키는 함께 연동(聯動)되어야 합니다. 연동되지 않으면 우리는 상처를 잘 주고, 잘 받게 됩니다. 그래서 나도 아프고, 너도 아프고, 우리는 모두 아픕니다.

이 책과 만난 나는 이제 더 이상 혼자 아파하지 않습니다. 또 다른 나와 만났기 때문입니다. 그래서 감정적인 나는 논리적인 나를 꼭 안아 줄 수 있고, 논리적인 나는 감정적인 나를 꼭 안아 줄 수 있어 외롭지 않습니다.

이것은 살아 있는 나의 고요한 선언입니다.

나는 이 사실을 상담실에서, 삶의 현장에서 수도 없이 목격해 왔습니다. 그러니 이제 이 고요한 선언으로 당신의 이야기를 시작해도 괜찮습니다.

마음 안에 오래 머물렀던 그 감정의 이름을 조심스레 불러 보는 것부터 시작해 보시기 바랍니다. 그리고 괜찮다고, 무사히 여기까지 왔다고, 당신 스스로에게 따뜻하게 말을 걸어 주시기 바랍니다. 그러면 당신이 당신에게 얼마나 사랑스러운 존재인지를 발견하게 될 것입니다.

그리고 여유가 생긴다면 아주 작은 용기를 내어 누군가의 마음에도 다가가 보시기 바랍니다. 그렇다면 당신의 논리는, 누군가의 얼룩진 상처를 어루만질 수 있게 될 것입니다. 그리고 당신의 감정은, 누군가 아파하는 마음 사이에 관계의 다리를 놓아 줄 수 있을 것입니다.

그렇다면
당신의 감정은 옳습니다.
당신의 논리는 사랑스럽습니다.

그 마음으로 이제 진실을 말해도 좋습니다.

그리고
진실이 담긴 마음의 길 위에서
조금 더 솔직하고, 조금 더 다정스럽게 살아가 봅시다.

그렇다면 진실이 담긴 당신의 삶은 세상을 조금 더 평화롭게 만들 수 있을 것입니다.